Maria Giuseppina Buonanno - Luca Caruso

Joseph Ratzinger
Benedetto XVI

Immagini di una vita

Prefazione di
Federico Lombardi S.I.

SAN PAOLO

Piazza Soncino, 5 - 20092 Cinisello Balsamo (Milano)
www.edizionisanpaolo.it
Distribuzione: Diffusione San Paolo s.r.l.
Piazza Soncino, 5 - 20092 Cinisello Balsamo (Milano)

Via Giotto, 36 - 20145 Milano
www.famigliacristiana.it
www.credere.it

Allegato a Famiglia Cristiana di questa settimana
Direttore responsabile: Antonio Rizzolo
Settimanale registrato presso il Tribunale di Alba il 7/9/1949 n. 5
P.I. SPA - S.A.P. - D.L. 353/2003 L. 27/02/04 N. 46 - a.1 c.1 DCB/CN

Allegato a Credere di questa settimana
Direttore responsabile: Antonio Rizzolo
Settimanale registrato presso il Tribunale di Alba il 23/10/2012, n. 4/12

Progetto grafico: Piero Petronella / Ink Graphics Communication, Milano

ISBN 978-88-922-1094-3

PREFAZIONE

Giustamente questo nuovo libro su Joseph Ratzinger - Benedetto XVI porta il sottotitolo: *Immagini di una vita*, poiché ciò che lo caratterizza rispetto ad altre opere analoghe è proprio l'ampio corredo di immagini che accompagna tutto lo sviluppo del testo, fin dagli anni dell'infanzia e della giovinezza, per i quali era probabilmente più difficile trovare le fotografie desiderate. Il volto sereno e regolare del protagonista ci si presenta così lungo le pagine nelle diverse età della vita, ma sempre perfettamente riconoscibile nella sua identità, nell'acutezza del suo sguardo; uno sguardo che pare interpellarci continuamente e lasciarci intuire la profondità del pensiero e la limpidezza dello spirito che vengono verso di noi attraverso gli occhi e le parole di quest'uomo e di questo sacerdote. Anche se le circostanze e i luoghi cambiano e il colore degli abiti passa da nero a rosso a bianco, non c'è alcun dubbio che quella che ci accompagna attraverso le pagine di questo libro è sempre la stessa persona e che il filo interiore che si sviluppa lungo la sua vicenda manifesta un'unità di orientamento e una continuità d'ispirazione straordinaria.

Nel volume non ci sono solo le immagini. C'è anche il racconto di una vita giunta al traguardo dei novant'anni e complessivamente compiuta. Infatti la tappa attuale della vita ritirata nel Convento Mater Ecclesiae è importantissima nell'itinerario umano e spirituale di Joseph Ratzinger, ma può essere considerata conclusiva ed è spoglia di un ulteriore moltiplicarsi di eventi. Il racconto della vita, quindi, ha già senso anche fermandosi qui.

La narrazione dei novant'anni viene divisa in nove capitoli, dando così un ritmo piacevole ed incalzante alla lettura, e aiutandoci effettivamente a ripercorrere quasi un secolo di storia rendendoci conto del graduale arricchirsi ed allargarsi dell'esperienza personale, culturale ed ecclesiale di Joseph Ratzinger. Dalla vita familiare serena nei piccoli centri della natia Baviera, alla tragedia immane della guerra mondiale; alla vocazione e alla formazione sacerdotale; alla scoperta meravigliosa delle profondità della riflessione sulla fede; al gusto dell'insegnamento della teologia; alla chiamata a dare un contributo importantissimo al Concilio, partecipandovi in dialogo con i maggiori teologi del tempo; al governo pastorale di una grande diocesi; alla collaborazione con Giovanni Paolo II per oltre vent'anni, nel suo magistero dottrinale e morale, per aiutare la comunità della Chiesa a comprendere, pensare e conservare correttamente la sua fede; alla chiamata più alta e impegnativa, quella della guida della comunità universale dei fedeli...

Il pensiero di Joseph Ratzinger si sviluppa nella direzione della profondità e della consapevolezza delle sfide del contesto culturale odierno, ma allo stesso tempo il suo orizzonte si allarga progressivamente in ampiezza, fino a diventare universale e onnicomprensivo: l'esperienza vissuta del Concilio, la responsabilità della Congregazione per la Dottrina della Fede, vicino al Papa, fanno sì che il teologo Ratzinger abbia una visione sempre più chiara delle domande e delle attese spirituali più fondamentali e urgenti dell'umanità e della Chiesa del nostro tempo.

Di qui l'orientamento e le preoccupazioni del magistero di Benedetto XVI, chiaramente segnato dal primato di Dio e dal rischio drammatico del suo oblio nella società contemporanea, concentrato infine sulla fede dei credenti e quindi sulla ricerca del volto di Gesù, rivelazione di Dio per ogni uomo, per ogni donna di ogni tempo e luogo.

Siamo così al cuore della missione della Chiesa, quindi del servizio del Papa. Mi pare che non si sia ancora messo sufficientemente in rilievo che la conclusione del pontificato coincide praticamente con la conclusione della trilogia di Benedetto XVI su Gesù. Questa trilogia – come egli ha detto – non è propriamente opera di magistero, ma frutto della sua personale ricerca del volto vivo di Gesù. Ma egli era il Papa che «conferma i suoi fratelli»: la sua ricerca e la sua testimonianza personale di fede non può essere separata dal suo servizio ecclesiale e ha un valore immenso per tutta la Chiesa. Il teologo Joseph Ratzinger, che alla fine è stato chiamato ad essere il Papa Benedetto XVI, compie l'unica e unitaria missione della sua vita cercando il volto vivo di Gesù e aiutando tutti a incontrarlo. E questo è ciò che continua a fare anche ora, nella preghiera, nel silenzio del Convento Mater Ecclesiae.

Naturalmente ci sono molti aspetti ed eventi del pontificato che vengono ricordati in una biografia come questa. Ci sono ad esempio quelli dei viaggi nei diversi continenti o quello – a mio avviso estremamente significativo – dell'impegno di purificazione della Chiesa provata dal male degli abusi sessuali; ci sono anche i momenti difficili, già abbondantemente noti dalle cronache degli anni passati. Ma, per concludere, mi sia permesso di insistere che l'utilità maggiore di una biografia complessiva non mi sembra tanto quella della moltiplicazione delle curiosità o di particolari che col tempo diventeranno sempre più marginali, quanto quella di aiutarci a capire qual è il senso più profondo della vita che si racconta. E dato che questa biografia è fatta anche con le immagini, per comprenderlo invito ancora una volta a guardare il volto di Joseph Ratzinger, i suoi occhi. Sono quelli di qualcuno che cerca la verità e che la intuisce. E noi ne cogliamo il riflesso nei suoi occhi e lo abbiamo colto tante volte nelle sue parole. E alla fine questa Verità risplende – per lui e per noi – nel volto di Gesù.

FEDERICO LOMBARDI S.I.

Presidente Fondazione Vaticana
Joseph Ratzinger - Benedetto XVI

«Rivolgo un augurio a Lei, a tutti noi e alla Chiesa intera:
che Lei, Santità, possa continuare a sentire
la mano del Dio misericordioso che la sorregge,
che possa sperimentare e testimoniarci l'amore di Dio;
che, con Pietro e Paolo, possa continuare a esultare di grande gioia
mentre cammina verso la meta della fede».

Francesco

(*Discorso in occasione del 65° anniversario di ordinazione sacerdotale*
del Papa emerito Benedetto XVI, 28 giugno 2016)

Heiliger Vater!
Lieber Bruder!

Zu Deinem 90. Geburtstag grüße ich Dich auf das Herzlichste! So viele Jahre haben wir den Weg durch das Leben gemeinsam bestritten. Die Verbundenheit, die ich darin gespürt habe, trage ich in meinem Herzen.

Deine Tage sind immer noch erfüllt mit der unermüdlichen Arbeit für den Dienst als Priester, Bischof und emeritierter Papst. Viele Menschen sind Dir dafür dankbar und schließen Dich in Ihre Gebete ein. Dein Wort ist Vielen Weisung und Bestärkung, die mit Neugierde und Offenheit aufgenommen werden.

Meine Wünsche zu Deinem Ehrentag sind ebenfalls geprägt von dieser Dankbarkeit für die gemeinsam getragenen Lasten, aber auch für die Stunden der Geselligkeit und der Freude, die wir in unserem Kreis der Geschwister immer erleben konnten.

So wünsche ich Dir Gesundheit und Kraft für die kommenden Jahre und vor allem den reichen Segen Gottes, in dessen Dienst Du Dich Dein Leben lang gestellt hast!

Dein Bruder Georg 

Regensburg, 18. Januar 2017

Santo Padre!
Caro fratello!

Per il tuo novantesimo compleanno ti saluto di tutto cuore! Quanti anni abbiamo passato insieme lungo la strada della vita. Porto nel cuore l'affetto e l'attaccamento che ho sentito durante il cammino.

I tuoi giorni sono ancora pieni di lavoro instancabile, nel servizio come sacerdote, come vescovo e come Papa emerito. Per questo in molti ti sono grati e ti ricordano nelle loro preghiere. Molte persone trovano nelle tue parole forza e orientamento, e le accolgono con curiosità e apertura.

Anche i miei auguri per il tuo compleanno sono segnati da questa gratitudine, per i pesi portati insieme, ma anche per la compagnia e la gioia che abbiamo potuto sperimentare tra noi fratelli.

E così ti auguro salute e forza per gli anni venturi e soprattutto copiose benedizioni di Dio, al cui servizio ti sei messo per tutta la tua vita!

Tuo fratello Georg

Ratisbona, 18 gennaio 2017

INTRODUZIONE

Joseph Ratzinger nasce il 16 aprile 1927, e il 2017 segna l'anno del suo novantesimo compleanno. Il 19 aprile 2005 sale al soglio pontificio col nome di Benedetto XVI. Il 28 febbraio 2013, dopo la rinuncia al pontificato, diventa Papa emerito.

Queste date rappresentano tre condizioni essenziali della sua esistenza: uomo, pastore della Chiesa universale, Pontefice emerito. E proprio tali aspetti di Joseph Ratzinger - Benedetto XVI sono al centro di questo libro, che ripercorre le tappe fondamentali della sua storia umana ed ecclesiale. Le vicende della sua famiglia e della sua infanzia trovano posto accanto agli avvenimenti del suo ministero e della sua missione.

Insieme, restituiscono anche una sequela lungo la via della fede e un patrimonio di immagini. Quelle della sua vita.

E così la narrazione si realizza in queste pagine anche con il contributo iconografico: le fotografie hanno il compito di mostrare e fermare nello sguardo una molteplicità di impegni – forse non sempre percepita e sottolineata mediaticamente – e di accendere una luce nuova sulla persona del Papa emerito.

Le foto di Joseph Ratzinger bambino, quella con la cartella sulle spalle e lo sguardo curioso puntato sul futuro, quelle dove posa fiducioso tra papà, mamma, la sorella Maria e il fratello Georg, affiancano le immagini storiche dell'elezione, della rinuncia, di un abbraccio con Papa Francesco, di una preghiera innalzata, fianco a fianco, al cielo.

La figura di Benedetto XVI include ricchezza teologica e pastorale. Dopo l'ordinazione sacerdotale, avvenuta il 29 giugno 1951, Joseph Ratzinger è stato teologo e docente universitario. Le sue lezioni erano seguitissime e il Circolo dei suoi ex allievi, lo Schülerkreis, continua a riunirsi ogni anno. Ha scritto centinaia di articoli e oltre cento libri, anche durante gli otto anni di pontificato.

Ha collaborato con quattro Pontefici, a partire dal 1962, quando partecipò al Concilio Vaticano II, indetto da Giovanni XXIII. Nel 1977 Paolo VI lo nominò arcivescovo di Monaco e Frisinga e cardinale. Nel 1981 Giovanni Paolo II lo chiamò alla guida della Congregazione per la Dottrina della Fede, dove per 23 anni ha ricoperto il ruolo, importante e scomodo, di prefetto, fino all'elezione alla cattedra di San Pietro.

Benedetto XVI ha scritto tre Encicliche. Nella prima, *Deus caritas est*, ha affrontato la centralità dell'amore, rivolto a Dio e alla famiglia umana. Nella seconda, *Spe salvi*, ha ragionato sulla prospettiva infinita che dà speranza all'uomo. Nella terza, *Caritas in veritate*, ha proposto una riflessione sull'etica dell'economia e sulla globalizzazione. Temi cruciali della contemporaneità, che riguardano il pensare e l'agire dell'uomo e che riconducono al suo motto episcopale: «Cooperatores veritatis», collaboratori della verità, idea centrale del suo magistero.

Ha analizzato la ragionevolezza della fede. Ha sostenuto l'importanza di attuare il Concilio Vaticano II in continuità con la tradizione della Chiesa. Ha scrutato le insidie del relativismo.

Uomo timido, che ama profondamente la preghiera, lo studio, la scrittura e che si trova a suo agio in compagnia dei libri, Ratzinger è stato chiamato ad affrontare la ribalta mondiale. Nei suoi interventi ha proclamato la bellezza della fede in Dio e nel mondo migliore annunciato da Gesù Cristo, non disgiunta dall'appello per la realizzazione di quanto può contribuire a rendere più giusto questo mondo. Benedetto XVI non ha avanzato un'ipotesi filosofica, ma ha dato testimonianza a Dio che si è fatto uomo, annunciando il Vangelo nella sua integralità, anche quando comportava la perdita dei consensi. Da qui l'esortazione ai credenti perché incarnassero i valori evangelici nella loro vita, nelle relazioni, nel lavoro, nell'impegno per il bene comune.

Da professore, ha aiutato i suoi studenti a procedere nella ricerca della verità. Da prefetto, ha perseguito l'obiettivo di fortificare la fede, rispondendo alle sfide che si presentavano, nutrendo il desiderio di convincere, senza mai imporsi.

Da Pontefice, ha compiuto 24 viaggi all'estero e 29 in Italia. Ha tenuto 1.491 discorsi. È stato un Papa amato, ma pure molto giudicato, accolto dalle folle, ma anche dalle polemiche. Il suo pontificato ha attraversato momenti difficili. A partire dalle proteste suscitate dal suo intervento sull'Islam, che si ricorda come il "discorso di Ratisbona", fino agli scandali della pedofilia e di Vatileaks. La sua meta però è rimasta sempre chiara, anche nelle situazioni tormentate, che ha affrontato ogni volta con la stessa invocazione: «Il Signore ci aiuterà». E nel pellegrinaggio verso di essa ha invitato tutti gli uomini a farsi suoi compagni di strada, sostenuti e uniti dall'amicizia con Dio.

L'immagine di intellettuale schivo e riservato, di guardiano della fede, di Papa professore lo ha reso a volte incompreso. Ne ha oscurato il pensiero e il ministero. Le sue posizioni critiche sulla teologia della liberazione, la difesa dell'ortodossia e dei principi non negoziabili spesso lo hanno posto in contrapposizione con la cultura laicista. Lontano dal luccichio mediatico, ha condotto una riflessione interna alla coscienza dell'uomo. Oggi i cardini del suo pensiero teologico e del suo impegno pastorale restano cruciali, nella complessità della modernità.

E qui il racconto della sua storia inizia da una scena che è nella memoria di tutti: la rinuncia al ministero petrino, comunicata l'11 febbraio 2013 – è il primo Papa dell'era moderna a compiere una scelta così rivoluzionaria –. Prosegue tornando indietro nel tempo, come in un *flashback*, all'infanzia e agli anni della formazione. Attraversa il dramma della seconda Guerra mondiale, la follia del nazismo e la prigionia. Considera il suo percorso di pastore, dall'ordinazione sacerdotale al pontificato, rivivendo l'iter accademico nelle università tedesche, l'impegnativa stagione conciliare, la nomina inattesa ad arcivescovo di Monaco e Frisinga, la lunga pagina romana, dapprima come prefetto dell'ex Sant'Uffizio al fianco di Giovanni Paolo II, poi come suo successore alla guida della Chiesa. Si sofferma infine sulla sua vita di Papa emerito nel monastero Mater Ecclesiae, in Vaticano.

Sempre nel «recinto di Pietro».

MARIA GIUSEPPINA BUONANNO - LUCA CARUSO

JOSEPH RATZINGER

BENEDETTO XVI

IMMAGINI DI UNA VITA

CAPITOLO I

LA RINUNCIA AL PONTIFICATO

Il cielo sopra San Pietro

L'elicottero si allontana dalla Cupola di San Pietro all'imbrunire. A bordo c'è Benedetto XVI: lascia il Vaticano e va al Palazzo pontificio di Castel Gandolfo. È il 28 febbraio 2013, ultimo giorno di pontificato per Joseph Ratzinger. Comincia così la sua nuova vita di Papa emerito. Sembra la scena di un film: l'immagine di quel volo è felliniana. Il racconto, quasi cinematografico, realizzato dal Centro televisivo vaticano, sotto la guida di monsignor Dario Edoardo Viganò, segna l'inizio dello storico passaggio di status di Papa Benedetto. L'immagine dell'elicottero che sorvola San Pietro indirizza lo sguardo. Porta nei pensieri di chi guarda le ombre delle nuvole che punteggiano ancora luminose il cielo e le luci che annunciano l'oscurità della sera.

A bordo dell'elicottero diretto a Castel Gandolfo, Benedetto XVI sorvola la Cupola della Basilica di San Pietro e lascia il Vaticano il 28 febbraio 2013.

L'ANNUNCIO IN LATINO

Da qui, lo sguardo torna indietro. Va alla sala del Concistoro del Palazzo apostolico, in Vaticano. Qui Benedetto XVI ha dato l'annuncio della rinuncia al ministero petrino pochi giorni prima, l'11 febbraio, durante il Concistoro ordinario per la canonizzazione dei martiri di Otranto.

Joseph Ratzinger siede sul trono dorato, indossa la mozzetta di velluto rosso con bordo di ermellino sulla veste bianca. Ha la gestualità che gli appartiene, solenne e ascetica. Alla fine del discorso sulla canonizzazione dei martiri pugliesi, il Concistoro sembra volgere al termine. La maggior parte dei cardinali presenti, una sessantina, più alcuni cerimonieri pontifici, è pronta ad alzarsi.

Ma Benedetto XVI deve dare una comunicazione rivoluzionaria. Manca poco a mezzogiorno quando inizia la lettura del testo, scritto in latino, che tiene tra le mani. Papa Benedetto legge con calma, con tono cadenzato, come se offrisse una preghiera recitata molte volte tra sé, in solitario silenzio. Eccole, le sue parole, tradotte in italiano:

Benedetto XVI dà l'annuncio della rinuncia al pontificato l'11 febbraio 2013, nella sala del Concistoro del Palazzo apostolico, in Vaticano, alla presenza di una sessantina di cardinali.

«Carissimi fratelli, vi ho convocato a questo Concistoro non solo per le tre canonizzazioni, ma anche per comunicarvi una decisione di grande importanza per la vita della Chiesa. Dopo aver ripetutamente esaminato la mia coscienza davanti a Dio, sono pervenuto alla certezza che le mie forze, per l'età avanzata, non sono più adatte per esercitare in modo adeguato il ministero petrino. Sono ben consapevole che questo ministero, per la sua essenza spirituale, deve essere compiuto non solo con le opere e con le parole, ma non meno soffrendo e pregando. Tuttavia, nel mondo di oggi, soggetto a rapidi mutamenti e agitato da questioni di grande rilevanza per la vita della fede, per governare la barca di San Pietro e annunciare il Vangelo, è necessario anche il vigore, sia del corpo sia dell'animo, vigore che, negli ultimi mesi, in me è diminuito in modo tale da dover riconoscere la mia incapacità di amministrare bene il ministero a me affidato. Per questo, ben consapevole della gravità di questo atto, con piena libertà, dichiaro di rinunciare al ministero di vescovo di Roma, successore di San Pietro, a me affidato per mano dei cardinali il 19 aprile 2005, in modo che, dal 28 febbraio 2013, alle ore 20.00, la sede di Roma, la sede di San Pietro, sarà vacante e dovrà essere convocato, da coloro a cui compete, il Conclave per l'elezione del nuovo Sommo Pontefice»[1].

Benedetto XVI legge la *Declaratio*, il discorso della rinuncia scritto in latino: alla sua destra c'è monsignor Francesco Camaldo, decano dei cerimonieri pontifici, e sullo sfondo è seduto l'arcivescovo Georg Gänswein, prefetto della Casa pontificia e segretario di Joseph Ratzinger dal 2003.

Benedetto XVI comunica così, alla Chiesa e al mondo, la sua volontà di rinunciare al ministero petrino.

[1] Benedetto XVI, *Declaratio*, 11 febbraio 2013.

Sceglie di rivelare la sua storica decisione in latino, per timore di esprimere in modo non adeguato il suo pensiero in italiano. Del resto, recita il rosario quotidiano in latino, una lingua che ama. Ha scritto il testo della *Declaratio*, la dichiarazione di rinuncia, due settimane prima dell'annuncio al Concistoro.

L'11 febbraio è festa in Vaticano: si ricorda l'anniversario dei Patti Lateranensi. Molti dipendenti non sono al lavoro. Ed è anche il giorno dedicato alla Madonna di Lourdes, tanto cara a Papa Benedetto. Nella sala del Concistoro, i cardinali sono rimasti attoniti e smarriti. Qualcuno non ha capito pienamente il senso del discorso di Ratzinger. Accanto a Benedetto XVI siede monsignor Guido Marini, maestro delle Celebrazioni liturgiche pontificie. Mentre Papa Benedetto legge il discorso della rinuncia, monsignor Marini è chiuso in una ieratica espressione. Non si sorprende. Sa già. Monsignor Francesco Camaldo, decano dei cerimonieri pontifici, seduto alla destra di Papa Benedetto, ha uno sguardo interrogativo. Più in là, monsignor Georg Gänswein, prefetto della Casa pontificia e segretario di Joseph Ratzinger dal 2003, ha un'espressione raccolta e pensierosa. Monsignor Guido Pozzo, elemosiniere di Sua Santità, sta alla sinistra del Pontefice, accanto a monsignor Marini, e si gira incredulo verso il Papa. Tra i porporati c'è un silenzio irreale.

Poi il decano del Collegio cardinalizio, il cardinale Angelo Sodano, prende la parola. «La notizia ci coglie come un fulmine a ciel sereno», dice a nome di tutti. L'agenzia Ansa dà conto della rinuncia di Benedetto XVI alle 11.46, grazie alla prontezza della vaticanista Giovanna Chirri. La notizia fa il giro del mondo. Sorpresa, attesa, inquietudini e paure irrompono, turbano, credenti e non credenti. Il mondo intero si ferma a guardare il Papa seduto sul trono dorato, s'interroga sulle sue parole. L'umanità si scuote. Osserva il Papa che ha deciso di scendere dal trono. Si ritrova accanto al Papa uomo.

Nella pagina a fianco, Benedetto XVI raccolto in preghiera dopo l'annuncio della rinuncia al pontificato.

Benedetto XVI al termine dell'ultima Messa celebrata in pubblico, nella Basilica di San Pietro, il 13 febbraio 2013, mercoledì delle Ceneri.

IL SIGILLO DEL SILENZIO

In un primo momento, Joseph Ratzinger ha affidato l'intenzione di rinunciare al pontificato a poche persone. Tra queste ci sono il segretario di Stato, il cardinale Tarcisio Bertone, e monsignor Georg Gänswein. A monsignor Alfred Xuereb, secondo segretario di Joseph Ratzinger dal 12 settembre 2007, per sei anni, viene comunicato successivamente.

«Ho saputo della sua decisione di rinunciare al ministero petrino poco tempo prima dell'annuncio ufficiale», racconta monsignor Xuereb. «Da come ne ha parlato, era chiaro che la sua era una decisione irrevocabile. Avrei voluto dirgli di pensarci bene, ma non l'ho fatto. Chissà quanto aveva profondamente riflettuto e pregato prima di fare quella scelta».

La decisione di Benedetto XVI matura nell'estate del 2012. Il Pontefice vuole comunicare la rinuncia prima della XXVIII Gmg, la Giornata mondiale della gioventù, prevista per il mese di luglio 2013, a Rio de Janeiro, in Brasile. Un impegno, questo, che non pensa di poter affrontare al meglio, anche su indicazioni mediche: fare lunghi viaggi, attraversare l'Atlantico non era consigliabile. La Gmg, a causa dei Mondiali di calcio in programma in Brasile nel 2014, era stata anticipata di un anno.

«Altrimenti, avrei cercato di resistere fino al 2014. Ma così invece sapevo che non ce l'avrei fatta»[2], ha rivelato il Papa emerito.

[2] Benedetto XVI, *Ultime conversazioni*, a cura di Peter Seewald, Garzanti, Milano 2016, p. 32.

Della salute di Benedetto XVI ha parlato monsignor Gänswein[3]. «Nel settembre del 1991, lui, non fumatore e astemio, subì un'emorragia cerebrale. "Ormai non sono più in grado", disse a Giovanni Paolo II, che, tuttavia, rifiutò categoricamente le sue dimissioni».

In questo periodo Ratzinger è prefetto della Congregazione per la Dottrina della Fede, ruolo affidatogli da Giovanni Paolo II il 25 novembre 1981.

«Nel 1994 sopraggiunse un'embolia, alla quale seguì una macchia gialla sulla retina. Da allora vede molto male con l'occhio sinistro, dunque già anni prima della sua elezione a successore di Pietro. Alla cosa non ha dato mai grande importanza. Il Papa semicieco! Chi lo avrebbe mai detto?», ha rivelato monsignor Gänswein.

In un primo momento, Joseph Ratzinger considera l'ipotesi di rinunciare al pontificato nel mese di dicembre 2012. Poi, per evitare di creare difficoltà nel periodo delle feste natalizie, fissa la data dell'annuncio: l'11 febbraio 2013, appunto. Nel mese di settembre 2012 confida a monsignor Georg Gänswein la sua decisione.

Il suo segretario ricorda così quei momenti. «Benedetto XVI era sereno. Aveva comunicato a me e a un paio di altre persone, col sigillo del silenzio, la sua volontà di rinunciare al pontificato. Non mi aspettavo una decisione di quella portata. Ho anche cercato di fargli cambiare idea. Inutilmente. Papa Benedetto, se chiede un consiglio, ne tiene conto. Invece, quando ha già deciso, rimane fermo nel suo pensiero. La sera del 28 febbraio, lasciando l'appartamento pontificio e il Vaticano, ho pianto. Tutte le emozioni trattenute fino ad allora sono diventate lacrime di commozione. Dopo otto anni passati lì come segretario, stavo vivendo un momento storico».

La commozione aveva colto monsignor Gänswein anche il 6 gennaio 2013, quando Benedetto XVI lo aveva consacrato vescovo: gli occhi

[3] Intervento di monsignor Georg Gänswein durante la presentazione, a Monaco di Baviera, il 12 settembre 2016, dell'edizione tedesca del libro di Benedetto XVI, *Ultime conversazioni*, a cura di Peter Seewald.

Papa Benedetto esce dal Palazzo apostolico poco prima di partire per Castel Gandolfo: ha un sorriso sereno mentre il cardinale Angelo Comastri, arciprete della Basilica di San Pietro, alla sua destra, e monsignor Georg Gänswein appaiono commossi e turbati.

lucidi, lo sguardo intenso non erano solo il segno della loro vicinanza, ma racchiudevano l'immagine della rinuncia imminente.

Invece, Papa Benedetto, dopo la rinuncia, appare tranquillo. Chi osserva il suo volto è tentato di scorgere una luce di futuro misericordioso, tra speranza di sollievo e lieve turbamento. I dubbi, le domande e la preghiera gli hanno fatto compagnia per giorni e notti, prima di prendere la difficile decisione. Ha solo qualche momento di intensa riflessione a segnargli il volto poco dopo l'annuncio, e durante l'ultima Messa celebrata in pubblico, il 13 febbraio. In questa manciata di giorni, con gli occhi del mondo puntati addosso, quando si congeda dal Collegio cardinalizio ha uno sguardo di pace. Lascia il Vaticano e saluta tutti con sorriso mite.

Le lacrime arrivano tempo dopo, quando ricorda quel viaggio in elicottero dal Vaticano a Castel Gandolfo. Joseph Ratzinger lo racconta, rivede le emozioni sui volti dei suoi collaboratori, ritrova nella memoria tracce del suono delle campane di Roma da quel volo che lo allontana da San Pietro e la voce s'incrina. Piange[4].

Ragioni e sentimenti

Subito dopo l'annuncio di Benedetto XVI, le interpretazioni delle cause della sua rinuncia conducono per lo più alle tempeste e alle polemiche, anche mediatiche, che hanno toccato una parte degli otto

[4] Benedetto XVI, *Ultime conversazioni*, a cura di Peter Seewald, p. 49.

anni del suo pontificato. Il nesso tra la sua sconvolgente decisione e il primo Vatileaks appare a molti chiaro. Agli inizi del 2012, una serie di contrasti di potere, nel governo del Vaticano e dello Ior, l'Istituto per le opere di religione, e la pubblicazione di documenti riservati, sottratti da Paolo Gabriele, aiutante di camera di Sua Santità, scuotono profondamente l'opinione pubblica, la Chiesa e lo stesso Pontefice.

Eppure, lo "scandalo Vatileaks" non si presenta inatteso. Già nel 2005, Benedetto XVI, nelle meditazioni della Via Crucis, alla fine del pontificato di Giovanni Paolo II, aveva contrapposto una lettura spirituale al potere e all'abuso di potere nelle gerarchie ecclesiastiche. Aveva pronunciato una condanna, resa potente anche da quell'andare lungo la via della croce: «Quanta sporcizia c'è nella Chiesa, e proprio anche tra coloro che, nel sacerdozio, dovrebbero appartenere completamente a Lui! Quanta superbia, quanta autosufficienza!»[5].

In questo scenario, le ragioni e i sentimenti che hanno portato Benedetto XVI alla rinuncia possono condurre a radici profonde, che si accompagnano alle motivazioni legate al venir meno delle forze non più adeguate a governare la barca di Pietro. Alcune riportano anche alla sua natura di studioso, alla sua passione per la ricerca teologica. Caratteristiche queste, che, considerate *sic et simpliciter*, hanno forse contribuito a delineare la sua immagine di Pontefice accademico nella quale egli stesso non si riconosce.

Quando Ratzinger si avvicina ai 75 anni, età in cui nella Chiesa si presentano le dimissioni, Giovanni Paolo II gli dice che non può fare a meno della sua collaborazione e che lo vuole con sé fino alla fine. Ratzinger, cardinale dal 27 giugno 1977, ubbidisce e resta prefetto della Congregazione per la Dottrina della Fede, fino all'elezione al soglio pontificio.

[5] Joseph Ratzinger, Meditazioni e preghiere per la Via Crucis al Colosseo del Venerdì Santo 2005, 25 marzo, commento alla Nona Stazione.

Nella pagina a fianco, Benedetto XVI lascia la Basilica di San Pietro il 13 febbraio 2013.

Arriva il 16 aprile 2005: Ratzinger compie 78 anni. Giovanni Paolo II è morto da poco, il 2 dello stesso mese, e lui sogna la pace della sua biblioteca, la malìa del pensiero, la forza della scrittura.

Invece, il 19 aprile è eletto Papa. Joseph Ratzinger lo ha confessato: l'avvento del pontificato è stato per lui un «vero shock». Ha detto di aver sentito una ghigliottina sulla testa: «Ecco, ora cade e ti colpisce»[6].

L'uomo Joseph Ratzinger avrà interrogato l'oscurità delle notti passate in compagnia dell'ansia sottile che sovrappone pensieri e imbriglia il futuro. Ed ecco la sua analisi sincera. Parole forti. Confessione di fragilità. Grande senso di consapevolezza. Rivelazione di un uomo di Chiesa che non guarda al luccichio della reggenza, ma all'immensità della responsabilità e della guida, contrapposta alla vastità dell'esplorazione del pensiero teologico e della riflessione umana, luoghi dell'anima dove si può trovare accoglienza e conforto.

Nel suo primo saluto da Pontefice, dalla Loggia centrale della Basilica di San Pietro, Joseph Ratzinger fa una professione di umiltà.

Dice: «Dopo il grande Papa Giovanni Paolo II, i signori cardinali hanno eletto me, un semplice e umile lavoratore nella vigna del Signore. Mi consola il fatto che il Signore sa lavorare e agire anche con strumenti insufficienti e, soprattutto, mi affido alle vostre preghiere».

Papa Ratzinger sente l'impegno del ministero petrino. Ripensa al lungo e intenso pontificato di Papa Wojtyla. Prefigura un fardello pesante racchiuso nel domani.

Pochi giorni dopo, il 24 aprile, in piazza San Pietro, nella Messa che segna l'inizio del ministero petrino, Benedetto XVI, durante l'omelia, parla di ecumenismo e ancora di continuità rispetto al pontificato di Giovanni Paolo II. Dice di sé, invoca aiuto, chiede preghiere. Lo fa così, per semplicità di pensiero e vicinanza al popolo di Dio, ma non solo.

«Ed ora, in questo momento, io, debole servitore di Dio, devo as-

[6] Benedetto XVI, *Luce del mondo. Il Papa, la Chiesa e i segni dei tempi. Una conversazione con Peter Seewald*, Libreria Editrice Vaticana, Città del Vaticano 2010, p. 17.

sumere questo compito inaudito, che realmente supera ogni capacità umana. Come posso fare questo? Come sarò in grado di farlo? Voi tutti, cari amici, avete appena invocato l'intera schiera dei santi, rappresentata da alcuni dei grandi nomi della storia di Dio con gli uomini. In tal modo, anche in me si ravviva questa consapevolezza: non sono solo. Non devo portare da solo ciò che in realtà non potrei mai portare da solo. La schiera dei santi di Dio mi protegge, mi sostiene e mi porta. E la Vostra preghiera, cari amici, la Vostra indulgenza, il Vostro amore, la Vostra fede e la Vostra speranza mi accompagnano… Pregate per me, affinché non fugga intimorito davanti ai lupi»[7].

I fedeli radunati in piazza San Pietro lo ascoltano attenti. Lo interrompono con gli applausi 35 volte. Ma il tempo per capire fino in fondo le sue parole è lontano.

La profezia della rinuncia

Nel 2010, nella conversazione con il giornalista tedesco Peter Seewald, raccolta nel libro *Luce del mondo*, Ratzinger descrive il contesto nel quale può essere considerato che un Pontefice rinunci al ministero petrino.

Dice: «Quando un Papa giunge alla chiara consapevolezza di non essere più in grado fisicamente, mentalmente e spiritualmente di svolgere l'incarico affidatogli, allora ha il diritto ed in alcune circostanze anche il dovere di dimettersi»[8].

In quel momento le sue parole appaiono sostanzialmente come un'ipotesi filosofica, una possibilità teorica. Dopo l'11

[7] Benedetto XVI, Omelia durante la Messa per l'inizio del Ministero Petrino, 24 aprile 2005.
[8] Benedetto XVI, *Luce del mondo*, p. 53.

febbraio 2013, quel ragionamento appena accennato, ma profondamente lineare, assume un senso diverso.

Per questi percorsi, umani e spirituali, la rinuncia di Ratzinger arriva da lontano. Si colloca nella sua storia di uomo e di studioso. Trova origine e principio nella preghiera di aiuto che Ratzinger rivolge a Dio e al popolo di Dio, dopo l'elezione. Riporta alle notti insonni che Ratzinger vive quando siede da poco sul trono di Pietro, alla sua lontananza dal potere del governo e dall'imperio che ogni reggenza contiene. Sosta a lungo in quei giorni intensi che precedono la decisione della rinuncia. Accende una luce su quei pensieri che vanno oltre il sé, che si interrogano sul senso di responsabilità verso il futuro del papato, dopo una decisione di tale portata storica.

La fede e la ragione, cardini della sua riflessione spirituale e pastorale, si sono ritrovate l'una accanto all'altra anche in questa scelta difficile, considerata nella sua valenza ecclesiale e umana.

Nel ragionare sulla rinuncia, Ratzinger ha pensato anche a come avrebbe reagito la gente, alla figura che avrebbe fatto, alle reazioni che quel gesto avrebbe suscitato.

Benedetto XVI ha sottolineato più volte che la decisione è stata sua e solo sua. Ha negato pressioni e ricatti da parte di gruppi di potere interni alla Chiesa. In osservanza alle regole previste dal Canone 332 del Codice di diritto canonico, il comma 2 chiede «che la rinuncia sia fatta liberamente e che venga debitamente manifestata».

Solo con queste condizioni può essere valida.

«Non si trattò di una fuga. Roma non bruciava, non c'erano lupi che ululavano sotto la sua finestra», ha sintetizzato monsignor Gänswein[9].

E ha spiegato la rinuncia come gesto nato da riflessione interiore, non da eventi esterni. «Benedetto non si è dimesso a causa del povero e mal guidato aiutante di camera oppure a causa delle ghiottonerie pro-

[9] Intervento di monsignor Georg Gänswein durante la presentazione, a Monaco di Baviera, il 12 settembre 2016, dell'edizione tedesca del libro di Benedetto XVI, *Ultime conversazioni*, a cura di Peter Seewald.

venienti dal suo appartamento, che nel cosiddetto affare Vatileaks circolarono a Roma come moneta falsa e che furono commerciate nel resto del mondo come autentici lingotti d'oro... Quello scandalo era troppo piccolo per una cosa del genere e tanto più grande è stato il ben ponderato passo di millenaria portata storica che Benedetto XVI ha compiuto»[10].

Benedetto XVI si appresta a scendere dall'elicottero a Castel Gandolfo, aiutato da monsignor Gänswein e accolto dal cardinale Giuseppe Bertello, presidente del Governatorato dello Stato della Città del Vaticano.

Il riferimento è anche alle teorie del complotto e del ricatto nei confronti di Papa Ratzinger. «Tutte assurdità», dice il Papa emerito.

«... Il Papa non è un superuomo e non è sufficiente che sia al suo posto: deve appunto espletare delle funzioni. Se si dimette, mantiene la responsabilità che ha assunto in un senso interiore, ma non nella funzione. Per questo a poco a poco si capirà che il ministero papale non viene sminuito, anche se forse risalta più chiaramente la sua umanità»[11].

Il Papa non è un superuomo. Il Papa è un uomo di Dio.

L'uomo che non voleva diventare Papa, ha trovato la forza quieta e la fermezza pacata per dirlo, alla Chiesa e al mondo.

Dalle parole pronunciate l'11 febbraio 2013 e dal coraggio con cui sono tessute, si avvia un cambiamento nella Chiesa e nel mondo.

Quelle parole hanno generato un'attrazione dell'attenzione, quel clamore che costringe a voltarsi, a considerare sotto una luce nuova chi ci sta accanto, chi cammina con noi, anche quando ci allontaniamo.

Il volo dal Vaticano a Castel Gandolfo è breve. L'elicottero atterra. Benedetto XVI saluta la folla che lo aspetta. Allarga le braccia dalla finestra verso le persone raccolte in piazza della Libertà. Ebrezza e pesantezza della nuova "libertà" si mescolano in questa nuova accoglienza. È tempo di

[10] Discorso tenuto da monsignor Georg Gänswein il 20 maggio 2016 alla Pontificia Università Gregoriana, in occasione della presentazione del libro di Roberto Regoli, *Oltre la crisi della Chiesa. Il pontificato di Benedetto XVI*, Edizioni Lindau, Torino 2016.

[11] Benedetto XVI, *Ultime conversazioni*, a cura di Peter Seewald, pp. 38-39.

ritirarsi. Papa Benedetto, sorretto da monsignor Gänswein, si allontana per restare «vicino nella preghiera e nascosto al mondo», come lui stesso ha detto nell'ultimo incontro, da Pontefice, con i sacerdoti di Roma.

La porta si chiude alle sue spalle. Il suo pontificato finisce alle 20.00 del 28 febbraio 2013, secondo l'annuncio dato l'11 febbraio. Da qui inizia il periodo della Sede vacante nel quale si organizza il Conclave, al quale Benedetto XVI non partecipa. Il 13 marzo 2013 viene eletto Papa Francesco. Per Joseph Ratzinger comincia la nuova condizione di Papa emerito.

La sua vita è iniziata il 16 aprile 1927, nel giorno di Sabato Santo. E il 16 aprile 2017, nel giorno del suo novantesimo compleanno, ricorre la Santa Pasqua. Nei prossimi capitoli si ripercorre la sua storia umana ed ecclesiale.

Benedetto XVI saluta la folla dalla Loggia centrale della residenza pontificia di Castel Gandolfo, il 28 febbraio 2013: è la sua ultima benedizione da Papa. Alle 20.00, il portone del Palazzo pontificio si chiude e ha inizio la Sede vacante. Benedetto XVI diventa Papa emerito.

CAPITOLO II

FAMIGLIA E INFANZIA

IL MISTERO DEL SABATO SANTO

La neve è alta. Porta silenzio e una luce chiara sulla notte che si allontana. Il bianco illumina il buio che rimane. In un'antica casa nella piazza del mercato di Marktl am Inn, in Alta Baviera, in Germania, alle 4.15 del mattino del 16 aprile 1927, nasce Joseph Alois Ratzinger. Viene al mondo nella diocesi di Passau, nel distretto di Altötting. È Sabato Santo. La sua vita comincia nel segno del mistero pasquale. Ed è subito battezzato: la mattina stessa del 16 aprile, a poche ore dalla nascita.

La casa natale di Joseph Ratzinger, a Marktl am Inn, in Germania, sul confine tra la Baviera e l'Austria, con la targa che ricorda il giorno della sua nascita, avvenuta il 16 aprile 1927, e il giorno della sua elezione a Papa, il 19 aprile 2005.

Da grande, Joseph Ratzinger considera questa coincidenza una grazia, un simbolo dell'esistenza umana e dell'essenza spirituale: l'attesa della Pasqua, che non c'è ancora, e il cammino fiducioso verso di essa.

Ratzinger racconta come è cominciata la sua storia con parole di fede.

«In famiglia, veniva spesso ricordato che il giorno della mia nascita era l'ultimo della Settimana Santa e la vigilia di Pasqua, tanto più che io fui battezzato il mattino successivo alla mia nascita, con l'acqua appena benedetta della "notte pasquale", che allora veniva celebrata al mattino: l'essere il primo battezzato della nuova acqua era un importante segno premonitore. Personalmente sono sempre stato grato che, in questo modo, la mia vita sia stata fin dall'inizio immersa nel mistero pasquale, dal momento che non poteva che essere un segno di benedizione. Indubbiamente, non era la domenica di Pasqua ma, appunto, il Sabato Santo»[1].

IL GENDARME E LA CUOCA

Quando Joseph Ratzinger nasce, la sua famiglia è composta da papà Joseph, da mamma Maria, dalla sorella, Maria Theogona, che ha cinque anni, e dal fratello Georg, che di anni ne ha tre.

Joseph Ratzinger padre, nato il 6 marzo 1877, è figlio di contadini, ha la quinta elementare e lavora come gendarme. Secondo di undici figli, ha una fede radicata nella forte tradizione cattolica e una famiglia dove non mancano religiosi.

Uno zio, Georg Ratzinger, è prete e anche deputato del Reichstag, il Parlamento tedesco. E due fratelli, Alois e Theogona, sono rispettivamente sacerdote e suora.

I fratelli Maria, Joseph e Georg Ratzinger.

Joseph padre comincia a lavorare presto nella fattoria di famiglia: è il secondogenito – ha una sorella maggiore, Anna, nata prima del matrimonio – e, in quanto figlio maschio più grande, deve dare una mano. Ha la passione per la musica e suona la cetra. A 20 anni, il 20 ottobre 1897, inizia il servizio militare. Diventa anche sottufficiale. In una foto ha la divisa, lo sguardo che va lontano e i baffi a tortiglione.

[1] Joseph Ratzinger, *La mia vita. Autobiografia*, Edizioni San Paolo, Cinisello Balsamo (MI) 1997, p. 6.

Joseph Ratzinger, padre di Benedetto XVI, in divisa durante il servizio militare, cominciato nel 1897.

Quando Joseph Ratzinger padre torna a casa, dopo il servizio militare, decide di entrare nella gendarmeria. La fattoria di famiglia, a Rickering, un piccolo paese della Baviera, è destinata al fratello minore, Anton. Pensa anche di scegliere la vita religiosa. Di farsi frate, si raccontava in famiglia.

Invece si sposa, non giovanissimo, a 43 anni, con Maria Paintner.

Georg Ratzinger, fratello di Benedetto XVI, sacerdote e musicista, ha scritto che il padre aspettò di aver messo da parte un po' di denaro, prima di sposarsi.

«Il salario di un giovane agente era modesto e sapeva che con quello stipendio non avrebbe potuto mantenere una famiglia»[2], ha spiegato.

Joseph Ratzinger padre conosce Maria Paintner attraverso un annuncio matrimoniale su un giornale cattolico.

Maria, figlia di fornai, nelle fotografie di famiglia ha bellezza antica e sguardo di festa. In una foto indossa un cappello scuro con un fiocco bianco e una sobria eleganza.

Primogenita di sette fratelli, Maria studia per sette anni. Poi, per dare una mano al bilancio familiare, comincia a lavorare: fa la domestica, trova posto in una panetteria, in seguito diventa cuoca e pasticciera in un hotel di Monaco. È brava a cucinare, e molto brava a fare dolci.

La Kaiserschmarren, la "frittata dell'imperatore" che si accompagna con la marmellata, è un dessert che lascia dolcezze nel cuore di Joseph Ratzinger, negli anni dell'infanzia e in quelli della maturità. E quando si trasferisce in Vaticano, nel 1982, dopo che Giovanni Paolo II lo ha nominato prefetto della Congregazione per la Dottrina della Fede, continua a cercare i sapori della sua terra. Non lontano da San Pietro, alla Cantina tirolese, Tiroler Keller, per anni c'è stato il tavolo Ratzinger.

[2] Georg Ratzinger con Michael Hesemann, *Mio fratello il Papa*, Piemme, Milano 2012, p. 28.

La famiglia di Maria, la madre di Joseph Ratzinger, è originaria del Tirolo: i nonni avevano un mulino vicino a Bressanone, in Alto Adige, che in quel periodo storico apparteneva all'Austria.

Maria Paintner,
la madre di Joseph
Ratzinger,
in giovane età.

Maria Paintner nasce l'8 gennaio 1884 a Mühlbach, in Baviera: i genitori sono Isidor Rieger e Maria Paintner.

Nella famiglia di Papa Ratzinger, di generazione in generazione, ricorrono gli stessi nomi. Mamma Maria ha anche il cognome della madre. È figlia illegittima? Lo è stata, perché i suoi genitori si sposarono dopo la sua nascita. Ma prima si erano scambiati la promessa matrimoniale.

Maria Paintner ha 36 anni quando sposa Joseph Ratzinger, il 9 novembre 1920, a Pleiskirchen, in Baviera. Qui nascono anche i primi due figli, Maria Theogona, il 7 dicembre 1921, chiamata semplicemente Maria, e Georg, il 15 gennaio 1924.

Poi la famiglia si trasferisce a Marktl am Inn, la città natale di Joseph Ratzinger.

Oltre casa Ratzinger

In quel periodo, la vita a Marktl am Inn non era facile per i suoi abitanti: c'era poco lavoro e molta disoccupazione. La Germania, impegnata con gli indennizzi della prima Guerra mondiale, non attraversava un periodo economicamente florido.

L'11 luglio 1929, la famiglia Ratzinger lascia Marktl am Inn e si stabilisce a Tittmoning, sempre in Baviera. Joseph Ratzinger ha due anni. La sua memoria affettiva rimane fortemente legata a questi luoghi e, in modo speciale, al santuario mariano di Altötting, città che si trova non lontano da Marktl am Inn e da Tittmoning.

Proprio ad Altötting, Ratzinger torna da Pontefice, l'11 settembre 2006. E al santuario mariano lascia l'anello vescovile, in segno di devozione alla Madonna Nera. In occasione di questo viaggio nella sua terra, passa da Marktl am Inn e nella chiesa di Sant'Osvaldo si ferma a pregare col fratello Georg di fronte al fonte battesimale dove ha ricevuto il primo sacramento.

A Tittmoning, piccola città cresciuta attorno al fiume Salzach e divisa da un ponte dall'Austria, al gendarme Joseph Ratzinger tocca una casa che si affaccia sulla piazza principale. La costruzione – che era appartenuta al capitolo dei Canonici Agostiniani – aveva una remota bellezza e i segni del tempo passato. Era piuttosto scomoda e malandata, anche se la famiglia Ratzinger aveva come camera da letto la sala capitolare.

Tittmoning è nei ricordi di Joseph Ratzinger il paese dei sogni infantili. Anni felici. Anni passati tra passeggiate, fino alla cappella di Ponlach, un altro luogo di devozione mariana, la raccolta del lattughino selvatico con la mamma nei campi, i giochi spensierati e la preghiera.

Il tempo era scandito dalla liturgia e dalle feste. Il presepe, anche quello che riempiva quasi l'intera casa di una vicina, è ammirato con quella curiosità che cerca la conoscenza, sbirciando nei gesti e nei volti dei personaggi, cercando un senso di verità oltre la rappresentazione, sentendo su di sé, come in un mistero osservato da vicino, lo sguardo di un mondo trascendente che si lascia sfiorare.

Qui Joseph Ratzinger scopre che l'asilo gestito dalle Dame inglesi, religiose dette anche suore di Loreto, non gli piace come la casa dove la mamma cucina, fa berretti, maglioncini, persino il sapone, coltiva i fiori e l'orto.

Joseph Ratzinger, indicato con un cerchio, nella scuola materna di Tittmoning.

IL PRIMO LIBRO

La Prima Comunione di Joseph Ratzinger, nel 1936: il futuro Papa è nella prima fila, il secondo da sinistra.

A casa Ratzinger la fede si respirava come l'aria. Tra i primi libri dell'educazione spirituale di Papa Benedetto c'è lo *Schott*, dal nome dell'abate benedettino Anselm Schott che aveva tradotto in tedesco, dal latino, il messale, il libro liturgico usato per la celebrazione della Messa.

Il padre e la madre di Joseph Ratzinger ne avevano avuto uno in regalo per il matrimonio. E il futuro Papa, per la Prima Comunione, riceve lo *Schott* per bambini. Poi arriva lo *Schott* della domenica e quello dei giorni feriali.

«I volumetti che di volta in volta io ricevevo erano qualcosa di prezioso, come non potevo sognarne di più belli»[3], ha ricordato da grande Ratzinger.

Nella raccolta dei testi della liturgia spiegata ai più piccoli, il bambino Joseph trova armonia e conforto, la spiritualità familiare e le certezze del rito. Un mondo di segni e promesse, da scoprire e capire.

Aspettando Natale, partecipava di buon mattino alle Messe Rorate – celebrate in onore della Madonna nei sabati di Avvento nell'oscurità dell'aurora – e, al bagliore delle candele che illuminava il buio, percepiva quel senso di attesa fatto di beatitudine e leggera malinconia. Intuiva la luce della Pasqua, quando, all'annuncio della Resurrezione di Gesù, le tende nere che avevano oscurato le finestre della chiesa per tutta la Settimana Santa erano tirate giù.

[3] Joseph Ratzinger, *La mia vita. Autobiografia*, p. 17.

«Era la più impressionante rappresentazione della Resurrezione di Cristo che io riesco a immaginarmi»[4], ha scritto Ratzinger.

La fede era un'esperienza radicata nella quotidianità. In famiglia si recitava il rosario inginocchiati sul pavimento della cucina. Si pregava anche san Disma, il buon ladrone, per via del lavoro di gendarme di papà Joseph.

A sette anni, in una lettera a Gesù Bambino, Joseph Ratzinger elencava i regali: un messale, una veste da Messa verde, un cuore di Gesù. Giocare a fare il prete e a celebrare la Messa disegnava un orizzonte conosciuto, un futuro possibile, dove trovarsi e rispecchiarsi. Col fratello Georg si vestiva da sacerdote: bastava indossare una camicia da notte lunga e l'immaginazione faceva il resto.

La famiglia Ratzinger riunita in occasione dell'ottantesimo compleanno della nonna paterna, Katharina.
In basso a sinistra, seduto, Georg; in basso a destra, Joseph; in piedi, vestita di chiaro, Maria; in alto a destra, in piedi, i genitori Joseph e Maria.
È il 1931.

Non era inusuale, un tempo. Anche il Segretario di Stato Vaticano scelto da Papa Francesco, il cardinale Pietro Parolin, nato nel 1955, da piccolo giocava a dir Messa e a costruire cattedrali.

Tra i giocattoli di Joseph Ratzinger c'erano anche orsi di peluche e animaletti di stoffa: un cavallo, un'anatra, un cane. E semplici sassi, che andava a raccogliere con la famiglia in riva al fiume Salzach, a Tittmoning. Alcuni sassi della sua Baviera, Joseph Ratzinger li ha conservati negli anni. Li aveva portati anche al Palazzo apostolico.

Nei sogni di bambino, Papa Benedetto si è immaginato imbianchino, vedendo un operaio al lavoro, in casa, e porporato, osservando il cardinale Michael von Faulhaber, arcivescovo di Monaco e Frisinga, quando arrivò a Tittmoning per celebrare la cresima. Operosità e spiritualità lo guidavano già.

Nella pagina a fianco, i fratelli Ratzinger in posa in uno studio fotografico: Joseph ha una palla in mano.

[4] *Ibidem*, p. 16.

La famiglia Ratzinger nel 1929 (o nel 1930): il piccolo Joseph è in braccio a mamma Maria, accanto alla sorella, Maria, mentre il fratello Georg è seduto vicino a papà Joseph.

L'infanzia di Joseph Ratzinger, tra la pace dei santuari e il conforto della fede, sembra disegnare un mondo perfetto. Un paradiso.

Benedetto XVI, da Papa emerito, ragionando sulla "vita eterna", ne ha considerato l'aspetto teologico, come «una scoperta e una gioia sempre nuove», e quello umano, come un ritrovarsi in famiglia. L'ha immaginata e si è immaginato così: «... Sono contento di rivedere i miei genitori, i miei fratelli, i miei amici insieme e di immaginare che sarà bello come un tempo a casa nostra»[5].

Certo, come in tutte le famiglie, anche in casa Ratzinger non mancavano litigi, anche tra i genitori.

«A volte litigavano, ma erano profondamente uniti. Quelle liti ci facevano male, tuttavia sapevamo che il nucleo essenziale del loro matrimonio ne usciva illeso»[6], ha raccontato Joseph Ratzinger.

TEMPI DIFFICILI

Alla fine del 1932 arriva un nuovo trasferimento per la famiglia Ratzinger. Si lascia la piccola città di Tittmoning e si va ad Aschau, un paese di campi e fattorie, sempre in Baviera. In questi anni, in Germania, il partito nazista cerca di imporsi sempre più. Anche con la violenza.

Il gendarme Joseph Ratzinger non ha simpatie per il nazionalsocialismo, legge *Der gerade Weg*, un giornale antinazista, e cerca di sopravvivere alla politica. In 35 anni di servizio, cambia città 14 volte. Si trasferisce per lavoro, per insofferenza verso il regime nazista e le sue espressioni nel potere locale, per una sua irrequietezza.

[5] Benedetto XVI, *Ultime conversazioni*, a cura di Peter Seewald, Garzanti, Milano 2016, pp. 28-29.
[6] *Ibidem*, p. 60.

Prima di lasciare Tittmoning, papà Joseph compra un armonium, strumento che attrae molto i figli. A casa Ratzinger, tutti hanno sempre amato la musica. Nei racconti familiari, si è spesso ricordato quel Natale del 1936, quando i tre fratelli suonavano insieme: Georg il violino, Maria l'armonium, Joseph il pianoforte. E i genitori piangevano dalla commozione.

Joseph Ratzinger da bambino.

La musica è stata sempre compagna fedele di Joseph Ratzinger. Lo è ancora, specialmente quella di Mozart, che lo riporta all'infanzia: soprattutto il *Requiem*, il primo concerto ascoltato da bambino, a Salisburgo, e la *Messa dell'incoronazione*.

Papa Benedetto non ha mai abbandonato il suo pianoforte: dall'appartamento del Palazzo pontificio, l'ha portato al monastero Mater Ecclesiae. Le passioni infantili le ha tenute sempre accanto a sé. Ha continuato ad avere simpatia per i gatti, con cui amava giocare da bambino: quando abitava a Pentling, in Baviera, si prendeva cura anche di quelli dei vicini. E qualche gatto gli avrebbe fatto compagnia anche in Vaticano, si racconta.

Ad Aschau, Joseph Ratzinger comincia ad andare a scuola. In questo periodo, in Germania, Hitler prende il potere. È dittatore col titolo di Führer dal 1934 al 1945. In una foto del 1933, Joseph è in classe, tra i compagni: sul muro si stagliano il crocifisso e due immagini incorniciate, quella del capo di Stato, Paul von Hindenburg, e quella di Adolf Hitler, capo del Governo. Il 30 gennaio 1933 Hindenburg aveva affidato a Hitler l'incarico di Cancelliere.

Aschau, 1933, Joseph Ratzinger, indicato con un cerchio, nel suo primo anno di scuola.

Sempre nel 1933, lo Stato tedesco e la Chiesa cattolica avevano firmato un Concordato, un protocollo di intenti che riconosceva alle autorità ecclesiastiche una serie di autonomie, garantiva l'insegnamento della religione negli istituti statali e l'esistenza delle scuole cattoliche. Ma i rapporti tra il Terzo Reich, quello della Germania nazista, e il Vaticano, negli anni, diventarono sempre più difficili. E nel 1937 Pio XI espresse una condanna pubblica della dottrina nazionalsocialista con l'Enciclica *Mit brennender Sorge* (*Con viva preoccupazione*). L'Enciclica, l'unica scritta ufficialmente in tedesco per renderne facile la diffusione, fu mandata in Germania segretamente per evitare i controlli della Gestapo, la polizia nazista. A volte veniva persino nascosta nei tabernacoli.

I fratelli Ratzinger nel 1935: Joseph tiene in mano un mazzo di fiori.

Anche ad Aschau le garanzie del Concordato non erano rispettate. Arrivava l'eco della lotta del nazismo alle scuole confessionali e i sacerdoti venivano spiati.

La fede cristiana era vista dal regime in antitesi all'ideologia nazista. Mentre per alcuni cristiani, la Chiesa non faceva abbastanza per opporsi al nazismo. Qualche volta lo pensava anche Joseph Ratzinger padre, molto religioso, ma anche, in alcune situazioni, critico verso la Chiesa.

«I vescovi portavano avanti con durezza la lotta in difesa delle scuole confessionali, la lotta per l'osservanza del Concordato: in me sono rimaste impresse le lettere pastorali su questo tema, che il parroco leggeva durante le celebrazioni. Già allora si affacciava in me l'idea che essi con la loro battaglia per le istituzioni in parte disconoscevano la realtà. Infatti, la sola garanzia istituzionale non serve a nulla, se non ci sono le persone che la sostengono per convinzione personale. Questo, invece, si verificava solo in parte»[7], ha osservato Joseph Ratzinger.

Gli occhi di un bambino intravedevano e percepivano la complessità della storia umana, la distanza che può accompagnare società e istituzioni.

Tra Joseph e Maria

La famiglia Ratzinger resta ad Aschau fino all'aprile del 1937.

«Nei quattro anni che noi trascorremmo qui, per quel che posso ricordarmi, il nuovo regime si mosse solo per spiare e tenere sotto controllo i sacerdoti che avevano una condotta "ostile al Reich"; va da sé che mio padre non vi prese mai personalmente parte; al contrario, mise in guardia e aiutò quei sacerdoti di cui sapeva che correvano pericolo»[8], ha raccontato Ratzinger.

In casa, papà Joseph è autorevole e severo nel chiedere precisione e osservanza delle regole. Mamma Maria è amorevole e sorridente. I fratelli sono molto legati tra loro.

«Mio fratello ha ereditato molto da nostra madre. È un uomo di cuore come lei, ama gli animali e i fiori. Ricordo ancora che da piccolo si sedeva sull'erba per raccoglierli. Erano qualità tipiche della mamma, mentre da nostro padre ha preso l'aspetto razionale. Queste caratteristiche dei nostri genitori si sono unite nella sua personalità in modo particolare»[9], ha sottolineato Georg Ratzinger.

La famiglia Ratzinger oggi è composta dal Papa emerito e dal fratello Georg, che vive a Ratisbona, in Germania. Papà Joseph è morto il

[7] Joseph Ratzinger, *La mia vita. Autobiografia*, p. 13.

[8] *Ibidem*, p. 12.

[9] Georg Ratzinger con Michael Hesemann, *Mio fratello il Papa*, p. 202.

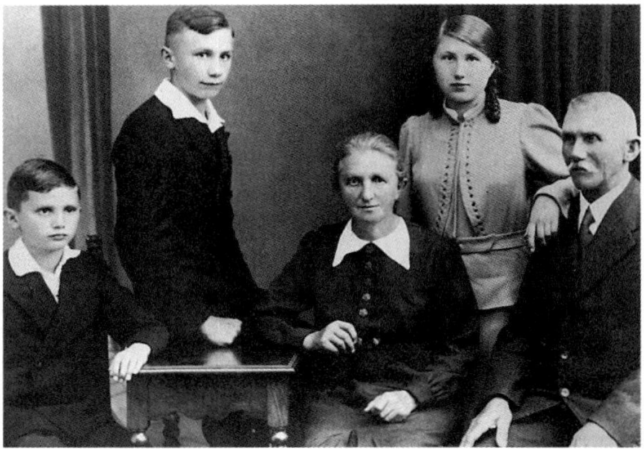

La famiglia Ratzinger nel 1937.

25 agosto 1959, a 82 anni. Mamma Maria è scomparsa il 16 dicembre 1963, a 79 anni. La sorella, Maria, è mancata il 2 novembre 1991, a quasi 70 anni, dopo aver seguito Joseph Ratzinger nei suoi spostamenti, prima come docente universitario, poi a Monaco, quando è diventato arcivescovo, e infine a Roma.

Del ruolo fondamentale della famiglia, nella vita e nella storia umana ed ecclesiale del Papa emerito, parla Stephan Otto Horn, religioso salvatoriano che è stato allievo e assistente di Ratzinger a Ratisbona.

«Ha sempre mantenuto un legame speciale con la fede che gli è stata trasmessa da bambino dal padre e dalla madre. Dalla grande testimonianza di spiritualità vissuta in famiglia è nata anche una concezione della teologia come ricerca della verità e sostegno di chi cerca Dio. È un uomo semplice di cuore, ancora di più oggi. Molto chiaro nel pensiero teologico», analizza padre Horn.

Anche monsignor Gänswein ha evocato una fanciullezza spirituale di Joseph Ratzinger. «Lo stesso uomo di Chiesa così erudito, che a lungo è stato seduto sul trono di Pietro, più di una volta, con le sue risposte, pare un bambino innocente, misterioso e insondabile; un bambino dello Spirito Santo che, in mezzo a brillanti analisi, racconta del tutto naturalmente quanto si divertisse a giocare a "Non t'arrabbiare" e cose simili... Un grande bambino di Dio, con una mitezza disarmata, che, come sant'Agostino, appassionatamente anela di giungere finalmente a quel "sempre" di cui si dice nel Salmo 105: "Cercate sempre il suo volto". Un bambino che vuole ancora ritornare a casa, "lì dove sarà di nuovo così bello come lo era da noi a casa quando eravamo bambini"»[10].

[10] Intervento di monsignor Georg Gänswein durante la presentazione, a Monaco di Baviera, il 12 settembre 2016, dell'edizione tedesca del libro di Benedetto XVI, *Ultime conversazioni*, a cura di Peter Seewald.

CAPITOLO III

IL SEMINARIO, LA GUERRA E LA PRIGIONIA

La casa delle primule

Le scarpe sfioravano pozzanghere e fili d'erba. Un passo dietro l'altro e quei 30 minuti di cammino volavano via veloci inseguendo il ritmo delle stagioni e delle declinazioni latine. Joseph Ratzinger andava a scuola a piedi, da Hufschlag a Traunstein, in Baviera, durante i primi due anni del Ginnasio, prima di entrare in seminario, e intanto ripassava l'amato latino e le altre materie di studio.

A Hufschlag, Joseph Ratzinger padre aveva comprato una casa contadina, fin dal 1933.

Qui, alla periferia di Traunstein, la famiglia Ratzinger si trasferì agli inizi di aprile del 1937, quando Joseph padre, al compimento dei 60 anni, andò in pensione. Intorno a quella vecchia costruzione (su una trave del tetto era riportata una data, 1726), c'erano meli e ciliegi, il prato, una fontanella perché in casa non c'era acqua corrente, e più in là un bosco. All'arrivo, la famiglia Ratzinger fu accolta da una distesa di primule. Quell'immagine è sempre rimasta negli occhi di Joseph Ratzinger, che l'ha ricordata anche da grande. Questo periodo è rievocato con affettuosa nostalgia. Il trasferimento nella casa di Hufschlag poneva fine a quel peregrinare da un posto all'altro che aveva segnato il lavoro di gendarme del padre e la stessa vita familiare. Ora, finalmente, si potevano metter radici. Joseph Ratzinger scopriva la magia dei racconti del padre, più libero di dedicarsi alla famiglia con l'arrivo della pensione,

La casa di Hufschlag, alla periferia di Traunstein, in Baviera: qui la famiglia Ratzinger si trasferì nel 1937.

giocava a palla, rincorreva il gatto di casa, raccoglieva la legna nel bosco vicino. Si appassionava alla lettura e componeva poesie. A scuola era bravo in tutte le materie. Ma non amava la ginnastica. Lo sport non lo ha mai conquistato.

Dodici anni, seminarista

All'inizio, faticò ad amare anche la vita di comunità del seminario.

Quarantadue letti, ordinati in fila e uno di fronte all'altro, schierati, quasi in attesa, possono anche dare un senso di smarrimento. Joseph Ratzinger ha dormito in uno stanzone di questo tipo quando è entrato nel seminario arcivescovile di St. Michael, a Traunstein. Era il 16 aprile 1939. Aveva 12 anni.

Nella lettera di presentazione, datata 4 marzo 1939, era definito «onesto, diligente, affidabile, fisicamente un po' gracile».

Prima di entrare in seminario, aveva letto libri di filosofia e teologia, tutti quelli che gli aveva prestato il parroco. La scelta si era presentata in modo naturale: un altro passo lungo quel cammino di fede vissuto in famiglia. Joseph Ratzinger era felice e pieno di aspettative: avrebbe raggiunto il fratello Georg, già in seminario dal 1935, e già conosceva alcuni seminaristi che frequentavano la sua classe al Ginnasio.

Forse ritrovava nella memoria le scene del gioco della celebrazione della Messa, di fronte al piccolo altare girevole costruito dallo zio Benno. E sentiva che Dio si aspettava qualcosa da lui.

Eppure, anche con la presenza del fratello Georg, all'inizio in seminario si sentì spaesato. Non solo per le regole, che pure richiedevano impegno. Sveglia alle 5.20, Messa alle 5.40, ripasso delle materie, colazione e scuola alle 8.00. E poi via a rincorrere gli impegni di una giornata intensa, tra lezioni, pasti, sport, studio nella sala comune con altri 60 allievi, fino alla preghiera della sera, dopo le 20.00.

Come era già successo al tempo dell'asilo dalle Dame inglesi, Joseph aveva nostalgia di casa, della sua libertà familiare e accogliente.

Il rifugio nella cultura classica gli fu d'aiuto: traduceva dal latino i testi della liturgia, scopriva la letteratura, si appassionava alla matematica.

Quando Joseph va in seminario, seguendo la strada imboccata dal fratello Georg, le rette da pagare in casa Ratzinger diventano due. La pensione da gendarme del padre non basta alle esigenze della famiglia e così la madre va a lavorare come cuoca in un albergo, a Reit im Winkl, sempre in Baviera. Anche la sorella Maria, dopo la fine della scuola e l'anno di servizio agrario obbligatorio per le ragazze, trova occupazione come impiegata in un negozio, a Traunstein.

La guerra oscura il mondo

Intanto, la seconda Guerra mondiale si avvicinava. La Germania nazista, inseguendo il mito della Grande Germania, nel 1938 aveva annesso l'Austria e nel 1939 aveva occupato la Cecoslavacchia.

La vita di Joseph Ratzinger nel seminario di Traunstein s'intreccia con i venti di guerra che soffiano sul suo Paese e sul mondo.

Con l'attacco della Germania nazista alla Polonia, il 1° settembre 1939, inizia il secondo conflitto mondiale. Quando scoppia la guerra, il seminario di Traunstein viene requisito per ospitare i feriti.

Joseph, col fratello Georg, continua a studiare: prima nel centro termale della città e poi nel collegio femminile delle Dame inglesi, a Sparz, nel distretto di Traunstein. Il collegio, dopo la chiusura delle scuole religiose imposta dai nazisti, è vuoto.

Qui la vita del seminario cominciò a sembrargli meno dura. Imparò ad aprirsi al mondo della comunità con spirito di adattamento. I grandi drammi del conflitto rendevano piccoli i problemi della vita quotidiana.

Una foto scattata nel 1943, durante la seconda Guerra mondiale, mostra Joseph Ratzinger a 16 anni, in divisa, quando era in servizio presso la contraerea di Monaco.

Con lo scoppio della guerra, in Germania divenne obbligatoria l'iscrizione alla Gioventù hitleriana, la Hitlerjugend, l'organizzazione nazista della gioventù introdotta quando il nazismo salì al potere.

«All'inizio, non vi prendemmo parte, poi, con l'introduzione dell'iscrizione obbligatoria alla Gioventù hitleriana, mio fratello dovette iscriversi. Io ero ancora troppo giovane, ma in seguito, quando ero in seminario, fui iscritto dai responsabili stessi del seminario. Non appena fui fuori dal seminario, non ci andai più. E non era per nulla facile, dal momento che le agevolazioni economiche, di cui avevo bisogno, dipendevano dalla frequenza accertata alle manifestazioni della Gioventù hitleriana»[1], ha spiegato Ratzinger.

Fino al 1939, i seminaristi non avevano l'obbligo dell'iscrizione alla Gioventù hitleriana. Successivamente, i rettori di solito iscrivevano gli studenti come coscritti, non come volontari.

A questo proposito, Elio Guerriero, teologo e storico, ha scritto: «Nel 1941 fu dunque iscritto alla Hitlerjugend dai superiori del seminario. Negli archivi non c'è un documento al riguardo. Il contesto e la testimonianza dello stesso Pontefice lasciano, tuttavia, pensare che egli venne effettivamente iscritto all'organizzazione dai superiori»[2].

Eppure, questa appartenenza di Joseph Ratzinger alla Gioventù hitleriana, in passato spesso sottolineata, ha seminato ombre sulla sua storia umana e pastorale.

«Come molti cattolici tedeschi, crebbe rifiutando ogni sorta di violenza, ma anche cercando di sopravvivere all'ondata di barbarie che dalla Germania si estese pericolosamente all'intera Europa»[3], ha sostenuto Guerriero.

LE FINESTRE SUL BUIO

Con l'attacco della Germania all'Unione Sovietica, nel 1941, la guerra si fa sempre più sanguinosa. Anche a Sparz arrivano feriti e c'è bisogno di spazi per assisterli. Joseph, col fratello Georg e gli altri seminaristi, deve tornare a casa.

[1] Joseph Ratzinger, *Il sale della terra. Cristianesimo e Chiesa cattolica nella svolta del Millennio. Un colloquio con Peter Seewald*, Edizioni San Paolo, Cinisello Balsamo (MI) 1997, pp. 58-59.

[2] Elio Guerriero, *Servitore di Dio e dell'umanità. La biografia di Benedetto XVI*, Mondadori, Milano 2016, p. 26.

[3] *Ibidem*, p. 3.

Georg Ratzinger, compiuti i 18 anni, nell'estate del 1942 viene arruolato prima nel servizio lavorativo e poi come radiotelegrafista, impegnato su vari fronti in Francia, Olanda, Cecoslovacchia e Italia.

Joseph Ratzinger ha 15 anni.

Gli elenchi dei soldati morti diventavano sempre più lunghi. Joseph partecipava alle Messe celebrate per ricordare le vittime di guerra e scriveva versi. La spiritualità e la poesia erano argini all'orrore del conflitto.

La guerra oscurò il mondo.

Anche in casa Ratzinger, la sera bisognava coprire con la carta i vetri delle finestre per evitare che la luce attirasse attacchi aerei. Il conflitto portò il buio nelle case e nell'anima. L'unica luce, per i credenti, restava la fede.

La guerra generò dolori e orrori nella famiglia umana, la persecuzione degli ebrei, le camere a gas, i lager.

La stessa famiglia Ratzinger fu colpita dalla follia del nazismo: un cugino di Joseph, figlio di una sorella della madre, era un ragazzo down e fu ucciso dai nazisti per inseguire lo scellerato disegno della purezza della razza.

«Per nostro padre, Hitler era l'Anticristo»[4], ha raccontato Georg Ratzinger.

Allo scoppio della guerra, Joseph Ratzinger padre aveva comprato una radio per ascoltare i canali esteri ed essere aggiornato sulla realtà del conflitto, al di là della propaganda nazista.

«Ascoltavamo i notiziari stranieri, eravamo ascoltatori assidui, ma dello sterminio nelle camere a gas non abbiamo mai saputo niente. Sapevamo che gli ebrei stavano male, che erano stati deportati, che c'era da temere il peggio, ma in concreto sono venuto a conoscenza di queste cose solo dopo la guerra»[5], ha ricordato Ratzinger.

[4] Georg Ratzinger con Michael Hesemann, *Mio fratello il Papa*, Piemme, Milano 2012, p. 111.
[5] Benedetto XVI, *Ultime conversazioni*, a cura di Peter Seewald, Garzanti, Milano 2016, p. 69.

Allegro, ma non troppo

Gli anni dell'adolescenza segnano forti cambiamenti nella vita di Joseph Ratzinger. Il mondo intorno a lui cambia, e lo cambia. Da bambino è vivace, allegro e coccolato, come capita spesso ai figli più piccoli. Poi diventa più schivo e pensieroso. In una pagella, nel periodo di Traunstein, un giudizio lo definiva persino "ribelle". Forse per quella tensione di certe timidezze a esaltare esuberanze interiori.

Il periodo storico della sua gioventù è tragico.

Joseph cresce tra introspezione e osservazione.

«Sono diventato più riflessivo e meno allegro. Ma anche le cose intorno a me sono cambiate: la guerra ha complicato tutto»[6], ha ragionato Papa Benedetto su quel periodo della sua vita.

La guerra genera tormenti, anche nei pensieri, e ferite, anche nell'anima. Le contraddizioni della vita e della storia portano a un'interiorità intensa, spalancano le porte alla riflessione, cercano di appellarsi alla ragione.

In divisa a sedici anni

A 16 anni, Joseph Ratzinger si ritrovò addosso una divisa da soldato. Anche se non era più nel seminario di Traunstein, da un punto di vista legale ne faceva ancora parte e con i suoi compagni fu assegnato ai servizi di contraerea di Monaco.

Anche al cardinale Prosper Grech, a Malta, capitò un'esperienza simile. Grech, nato il 24 dicembre 1925, conosce bene Ratzinger: ha collaborato con lui per 18 anni alla Congregazione per la Dottrina della Fede. «Abbiamo entrambi visto la guerra da vicino. Ma di questo

[6] *Ibidem*, p. 54.

periodo non abbiamo mai parlato», dice oggi il cardinale.

Come se fosse un dolore da tenere per sé e da offrire in preghiera.

I seminaristi abitavano nelle baracche come i soldati regolari, svolgevano il loro stesso servizio, ma, dispensati dalle esercitazioni militari, avevano anche la possibilità di seguire alcune lezioni. Il giovane Joseph continuò a studiare, al Maximilian Gymnasium di Monaco.

«È quasi superfluo ricordare che il periodo trascorso presso la contraerea causò delle situazioni imbarazzanti, soprattutto per un individuo così poco incline alla vita militare come me»[7], ha ricordato Ratzinger.

Joseph Ratzinger con altri militari in servizio alla Flak, la contraerea tedesca, nel 1943: è il secondo da sinistra.

Il 10 settembre 1944 arriva il congedo dalla contraerea. Dieci giorni dopo deve partire, con alcuni compagni del Ginnasio di Traunstein, per il servizio lavorativo in Austria, al confine tra Ungheria e Cecoslovacchia.

Fu un periodo di umiliazioni. E di derisione, quando, con altri, dichiarò che voleva diventare sacerdote. Il regime nazista manteneva un clima di ostilità verso la Chiesa cattolica.

Nel frattempo, cominciava l'addestramento al culto della vanga, che in quel periodo non serviva solo a realizzare barriere e trincee: questo attrezzo da lavoro era considerato arma e come tale doveva essere trattata. Le vanghe dovevano essere sollevate, usate, ripulite e deposte con rituali da disciplina militare.

[7] Joseph Ratzinger, *La mia vita. Autobiografia*, Edizioni San Paolo, Cinisello Balsamo (MI) 1997, p. 30.

La tappa successiva fu la caserma di fanteria di Traunstein. A metà gennaio 1945, finito il corso di addestramento, ci furono diversi trasferimenti, ma nessuna partenza per il fronte. Per la Germania, le sorti del conflitto erano segnate. Il 30 aprile Hitler morì.

Ma la guerra non era ancora finita quando Joseph Ratzinger decise di tornare a casa, disertando dalla Wehrmacht, dalle forze armate tedesche. Rischiò la morte. L'ordine sui disertori era chiaro: fucilazione.

Sulla sua strada incontrò due sentinelle, ma lo fecero passare: lui aveva il braccio ferito e loro erano stanchi di obbedire e di combattere.

Tornò a casa, a Hufschlag. Nella confusione di quei giorni, dall'abitazione della famiglia Ratzinger passarono e alloggiarono un maresciallo dell'aviazione tedesca e soldati delle SS, che cominciarono a fare domande sulla sua presenza. Non si spinsero oltre, andarono via. Un altro pericolo era superato.

Poi arrivarono gli americani e Joseph Ratzinger, identificato come soldato, finì nel prato davanti alla casa tra i prigionieri di guerra.

Lo portarono via, con tutti gli altri.

Tutti marciarono per alcuni giorni e arrivarono a Bad Aibling, città della Baviera.

Qui, tra 50 mila prigionieri tenuti in un campo all'aperto, Joseph Ratzinger compose esametri greci su un quaderno che era riuscito a portarsi dietro. Scriveva pensieri e riflessioni, con la matita. E con la matita ha sempre scritto le sue opere, per tutta la vita di studioso e pastore. Quasi come una rappresentazione della fragilità del pensiero umano di fronte all'eternità.

Da quel campo, in lontananza, si scorgeva il Duomo di Ulm, segno di speranza, consolazione dello spirito, simbolo di fratellanza e indulgenza, della grandezza dell'uomo e delle promesse di Dio, nonostante tutto. La bellezza e la verità della fede erano davanti agli occhi dell'anima.

Nel campo di prigionia, c'erano anche sacerdoti che celebravano la Messa. Laureati e studenti organizzavano incontri per parlare di storia, filosofia e teologia. Il conforto della ragione risvegliava il cuore e la voglia di conoscenza. Intorno, un recinto di filo spinato. All'inizio di giugno, gli americani iniziarono a rilasciare i prigionieri. Per prima toccò ai contadini, che dovevano ricominciare a coltivare la terra, seminare grano per il pane quotidiano e la speranza. Finalmente, il 19 giugno, arrivarono anche per Joseph Ratzinger il foglio di congedo e la libertà. Tornò a casa.

A luglio tornò anche il fratello Georg, dall'Italia.

Tutti insieme cantarono un famoso canto liturgico tedesco, *Grosser Gott, wir loben dich* (*Grande Dio, noi ti lodiamo*).

Verso il sacerdozio

I ricordi della guerra mondiale e dei morti – oltre 60 milioni di persone, come la popolazione dell'Italia di oggi – s'intrecciano al sogno del domani.

Joseph Ratzinger nel 1947.

A Traunstein si cerca di rimettere in sesto il seminario distrutto, diventato per sei lunghi anni ospedale militare, luogo di sangue, dolore e lacrime.

Joseph Ratzinger ha 18 anni e nel futuro il sacerdozio.

La vocazione è cresciuta con lui. Si è alimentata nella liturgia, vissuta come cuore della fede e rivelata, passo passo, nell'esperienza umana e nella dimensione tragica della storia. Non è stato necessario un cammino di

Joseph Ratzinger
da giovane chierico.

conversione, perché la ragionevolezza della fede è stata sempre presente nella sua vita. Una presenza accogliente, luminosa e illuminante, anche nella visione teologica che si delinea nella sua formazione, fin da giovanissimo. Ha sentito la drammaticità del suo tempo. Da studioso l'ha compresa e spiegata guardando alla Parola di Dio come àncora, cercando di trasmettere profondità e semplicità.

Un nuovo inizio

Dal 3 gennaio 1946 all'estate dell'anno successivo, Joseph Ratzinger frequenta la Scuola superiore di filosofia e teologia di Frisinga. Il giovane Ratzinger studia con passione e profitto, conserva una timida modestia. Si adatta a tutto: ai dormitori, che ora hanno solo una decina di letti, al freddo delle camerate prive di riscaldamento, all'acqua ghiacciata con cui ci si lavava.

È un nuovo inizio, e un tempo di speranza.

Con questo sguardo sul futuro, si affida poi allo studio della teologia all'università di Monaco di Baviera. Dall'autunno del 1950 al giugno del 1951 si prepara all'ordinazione sacerdotale nel seminario di Frisinga. Studia e si esercita alla celebrazione del sacramento del battesimo anche con i bambolotti, come si usava fare.

Pensieri sull'amore

Prima di essere ordinato sacerdote, il 29 giugno 1951, Joseph Ratzinger affronta le domande sul futuro della sua vita: s'interroga sul sacerdozio, sulla scelta che sta per compiere, sul cammino da seguire.

Studia Agostino, e i suoi pensieri sul conflitto interiore lo scuotono. «Mi chiedevo: devo diventare sacerdote o no? Sarò adatto o no? E in generale: perché sono qui. Che cosa mi sta succedendo. Chi sono io»[8]?

Domande necessarie a chi cerca la propria essenza e la propria identità, a chi cammina sulla strada della vocazione, a chi sa che, per trovarla, bisogna passare per la via della consapevolezza.

Interrogandosi su tutto, anche sull'amore.

[8] Benedetto XVI, *Ultime conversazioni*, a cura di Peter Seewald, p. 83.

La famiglia Ratzinger nel 1951.

Ragionando su questo sentimento, Papa Benedetto ne ha sfiorato la dimensione intima. «Non voglio scendere in dettagli privati, ma ne sono stato comunque toccato, in diverse dimensioni e forme»[9], ha confidato.

L'amore è sempre stato al centro della sua ricerca teologica. «Nelle sue opere, Ratzinger ha saputo parlare al cuore dell'uomo. Ha affrontato con sapienza e semplicità temi come la felicità e l'amore», ha sottolineato Pierluca Azzaro, traduttore dell'Opera omnia del Papa emerito, dal tedesco in italiano.

«I suoi scritti sono ricchi di immagini che accompagnano riflessioni teologiche e filosofiche. Così, considerando il desiderio dell'amore, Ratzinger afferma che l'uomo lo cerca e, a volte, non trovandolo, ci rinuncia. E paragona questa rinuncia all'amputazione di un organo vitale. Oppure, riflette sull'innamorato che ama pronunciare il nome della persona amata e lo accosta a chi invoca Dio cercandone vicinanza e legame».

E la prima Enciclica di Benedetto XVI, *Deus caritas est*, pubblicata nel 2005, riguarda proprio l'amore, nel segno di Cristo.

[9] *Ibidem*, p. 226.

CAPITOLO IV

VOCAZIONE E ORDINAZIONE SACERDOTALE

UNA LUCE CHE SI ACCENDE

Parlare al mondo delle cose di Dio e far udire a Dio la voce degli uomini. È il compito di ogni sacerdote e la missione che fin da ragazzo Joseph Ratzinger ritiene che Dio si attenda da lui. Un'idea che lentamente matura e diviene una decisione convinta. Non v'è una data precisa, se non il riconoscere il progetto che Dio ha per ogni uomo e che lui può concretizzare solo diventando sacerdote. Già nella Pasqua del 1939, all'età di 12 anni, aveva fatto ingresso nel seminario minore, nel quale rimase fino all'estate del 1941, quando la struttura venne chiusa a causa del precipitare degli eventi bellici. Sotto il regime nazista, «nel confronto con la brutalità di quel sistema dal volto disumano»[1], Ratzinger comprende quanto sia importante la presenza sacerdotale. La vocazione cresce quasi naturalmente con lui, una luce che si accende e rischiara le difficoltà e gli inevitabili momenti di dubbio. La guerra finisce, in mezzo alla grandissima devastazione rinasce la speranza.

Due fattori incidono con forza in questo cammino: già da ragazzo, grazie all'aiuto dei genitori e del parroco, scopre la bellezza della liturgia e la ama sempre di più, «perché sentivo che in essa ci appare la bellezza divina e ci si apre dinanzi il cielo». In secondo luogo, capisce quanto sia entusiasmante conoscere Dio e la Sacra Scrittura, «grazie alla quale è possibile introdursi in quella grande avventura del dialogo con Dio che è la teologia». Con gioia entra sempre più profondamente «in questo lavoro millenario della teologia, in questa celebrazione della liturgia, nella quale Dio è con noi e fa festa insieme con noi»[2].

Tra la fine del 1945 e l'inizio del 1946 nel seminario di Frisinga, che negli anni del secondo conflitto mondiale era stato adibito a

[1] Benedetto XVI, Incontro con i giovani della Diocesi di Roma in preparazione alla XXI Giornata Mondiale della Gioventù, 6 aprile 2006.
[2] *Ibidem.*

Un gruppo di allievi della Scuola superiore di filosofia e teologia di Frisinga, frequentata da Ratzinger nel biennio 1946-1947. Joseph è il primo a sinistra.

ospedale militare per i prigionieri di guerra stranieri, si ritrovano circa 120 seminaristi, molto diversi per età e formazione culturale – dai novizi diciottenni come Ratzinger ai quarantenni che riprendevano il cammino di formazione interrotto dalla guerra –, ma tutti segnati dalle prove e dagli orrori della tragedia bellica e accomunati dal desiderio «di servire Cristo nella sua Chiesa, per un tempo nuovo e migliore, per una Germania migliore, per un mondo migliore»[3]. Riconoscenza per il dono della vita e desiderio di rinascita animavano la permanenza nel seminario, insieme a una certezza: «Le porte degli inferi non prevarranno contro di essa»[4], cioè contro la Chiesa, uno dei baluardi che aveva resistito alla follia nazista.

La vita nel seminario di Frisinga era scandita in maniera molto regolare. Ratzinger apprezza avere una disciplina che lo precede aiutandolo a vivere ordinatamente la giornata. Si iniziava alle 6.30 con mezz'ora di meditazione. Seguivano la Messa, la colazione e poi le lezioni. Nel pomeriggio si svolgevano dei seminari di approfondimento, v'era tempo per lo studio, e poi ancora la preghiera comune.

Joseph matura via via la capacità del colloquio personale con Dio, per comprendere cosa il Signore dica a lui direttamente, e si addentra

[3] Joseph Ratzinger, *La mia vita. Autobiografia*, Edizioni San Paolo, Cinisello Balsamo (MI) 1997, p. 42.
[4] Matteo 16,18.

sempre più nella Bibbia, non dimenticando che insieme a questa lettura personale della Scrittura «è molto importante la lettura comunitaria, perché il soggetto vivente della Sacra Scrittura è il Popolo di Dio, è la Chiesa»[5].

Grande fame di conoscenza

Grande era in quegli anni la fame di conoscenza, della teologia in primo luogo ma anche della letteratura contemporanea e non soltanto, come i romanzi di Gertrud von Le Fort, Elisabeth Langgässer, Ernst Wiechert, poi Dostoevskij, Manzoni e i grandi francesi: Claudel, Bernanos, Mauriac. In campo teologico e filosofico gli autori prediletti erano Romano Guardini, Josef Pieper, Theodor Häcker e Peter Wust. Nel ramo delle scienze, l'orientamento antireligioso sembrava superato grazie a Planck, Heisenberg, Einstein, mentre il filosofo Aloys Wenzel, con la sua opera *Filosofia della libertà*, «cercava di dimostrare che l'immagine deterministica del mondo propria della fisica classica, che non lasciava alcuno spazio a Dio, era stata rimpiazzata da un'immagine aperta del mondo, in cui c'è spazio per il nuovo, per ciò che non può essere previsto e predeterminato fin dall'inizio»[6]. Gli orizzonti umani e intellettuali così si ampliano moltissimo...

Gli stimoli ricevuti dal prefetto della sala di studio Alfred Läpple, teologo trentenne di vaste conoscenze, avviano Ratzinger al dibattito filosofico. I volumi di Theodor Steinbüchel gli servono da introduzione al pensiero di Heidegger e Jaspers, come alle filosofie di Nietzsche, Klages e Bergson. Parlano inoltre di un ritorno alla metafisica anche in filosofia e dello sviluppo del personalismo, esplicitato con forza dal filosofo ebreo Martin Buber. L'incontro con il personalismo è un

[5] Benedetto XVI, Visita al Seminario Romano Maggiore, 17 febbraio 2007.
[6] Joseph Ratzinger, *La mia vita. Autobiografia*, p. 43.

evento che incide profondamente nel cammino spirituale di Ratzinger, legandosi subito con il pensiero di Agostino, «che segnerà più di ogni altro autore il suo approccio al fatto cristiano»[7].

Il santo vescovo di Ippona lo affascina soprattutto per le sue «passionalità e profondità umane», tanto da approfondire anche la corrente agostiniana nel Medioevo: san Bonaventura, i grandi francescani, la figura di Francesco d'Assisi. Con il pensiero di Tommaso, Ratzinger ha invece maggiori difficoltà. La «logica cristallina» del santo d'Aquino gli appare «troppo chiusa in se stessa, troppo impersonale e preconfezionata» e in definitiva troppo distante dagli interrogativi che nascono nella mente di un giovane[8].

Agostino è un modello per Ratzinger, quasi un paradigma della sua esperienza umana[9]. Da Papa lo indicherà come «un buon "compagno di viaggio" nella mia vita e nel mio ministero»[10]. È conquistato dalla sua «teologia molto personale», mentre pensa che «tutte le resistenze della nostra natura debbano essere prese sul serio e poi debbano anche essere canalizzate per arrivare al grande sì al Signore». Inizialmente Agostino desiderava vivere una vita puramente contemplativa, dedicata alla Scrittura... «Ma il Signore non l'ha voluto, l'ha fatto sacerdote e vescovo e così tutto il resto della sua vita, della sua opera, si è sviluppato sostanzialmente nel dialogo con un popolo molto semplice. Egli dovette sempre, da una parte, trovare personalmente il significato della Scrittura e, dall altra, tenere conto della capacità di questa gente, del loro contesto vitale, e arrivare a un cristianesimo realistico e nello stesso tempo molto profondo»[11].

[7] Gianni Valente, *Ratzinger professore*, Edizioni San Paolo, Cinisello Balsamo (MI) 2008, p. 27.

[8] Joseph Ratzinger, *La mia vita. Autobiografia*, p. 44.

[9] Venerando le reliquie di sant'Agostino nella Basilica di San Pietro in Ciel d'Oro a Pavia, il 22 aprile 2007, Benedetto XVI afferma che con questo atto desidera «esprimere sia l'omaggio di tutta la Chiesa cattolica ad uno dei suoi "padri" più grandi, sia la mia personale devozione e riconoscenza verso colui che tanta parte ha avuto nella mia vita di teologo e di pastore, ma direi prima ancora di uomo e di sacerdote».

[10] Benedetto XVI, Udienza generale, 25 agosto 2010.

[11] Benedetto XVI, Visita al Seminario Romano Maggiore, 17 febbraio 2007.

Amore per la liturgia, la Scrittura e la teologia

Nel clima familiare che regnava in seminario, grazie anche alla paterna cordialità del rettore Michael Höck, spesso ci si dedicava a delle esecuzioni musicali, un grande amore di Ratzinger e, in occasione di alcune feste, venivano recitati dei pezzi teatrali, mentre cresceva il suo amore per la natura.

Ma quel che più rimane nella mente di Joseph Ratzinger sono «le grandi feste liturgiche in cattedrale e la preghiera silenziosa nella cappella del seminario»[12]. La liturgia, dirà, è «il luogo privilegiato dove ciascuno di noi entra nel "noi" dei figli di Dio in colloquio con Dio», il luogo «dove la Parola è viva, è presente, dove anzi la Parola, il Logos, il Signore, parla con noi e si dà nelle nostre mani»[13]. E, inoltre, lo impressiona profondamente la figura del cardinale Michael von Faulhaber, arcivescovo di Monaco e Frisinga dal 1917 al 1952: «Mi colpiva la veneranda grandezza della sua missione – osserva – con cui egli si era del tutto identificato»[14]. Un fascino magnetico esercitato su di lui già da bambino: «Quando dalle nostre parti arrivò il cardinale Faulhaber, con la sua imponente veste color porpora, ne restai talmente colpito da arrivare a dire che anch'io volevo diventare come lui»[15].

Nel 1947 si conclude il biennio di studi filosofici presso la Scuola superiore di filosofia e teologia di Frisinga. Joseph chiede e ottiene dal suo vescovo di poter proseguire gli studi presso la facoltà teologica di Monaco, che era ospitata nell'ex residenza di caccia dei sovrani bavaresi di Fürstenried, a sud della città, come pure il Georgianum,

[12] Joseph Ratzinger, *La mia vita. Autobiografia*, p. 45.

[13] Benedetto XVI, Visita al Seminario Romano Maggiore, 17 febbraio 2007.

[14] Joseph Ratzinger, *La mia vita. Autobiografia*, p. 45.

[15] Joseph Ratzinger, *Il sale della terra. Cristianesimo e Chiesa cattolica nella svolta del Millennio. Un colloquio con Peter Seewald*, Edizioni San Paolo, Cinisello Balsamo (MI) 1997, p. 59.

Joseph Ratzinger giovane sacerdote.

fondato dal duca Giorgio il Ricco a Ingolstadt per i candidati al sacerdozio provenienti da tutta la Germania.

Al contrario del seminario di Frisinga, dove regnavano un clima di cordialità e un afflato pastorale che permettevano l'instaurarsi di legami umani molto profondi, a Monaco l'atmosfera è più asciutta, prevale l'interesse intellettuale, accompagnato da un certo individualismo. Poiché la facoltà teologica di Monaco era stata soppressa dai nazisti nel 1938, alla riapertura ci si poté servire del corpo docente di due facoltà che avevano cessato di esistere dopo il passaggio alla Polonia: Breslavia e Braunsberg. La diversa provenienza accademica dei docenti contribuisce ad allargare le prospettive culturali della facoltà. Vari sono gli insegnanti che influiscono in maniera determinante nella formazione intellettuale di Ratzinger.

Personalità di spicco è Friedrich Wilhelm Maier, professore di esegesi del Nuovo Testamento. Nonostante partisse dalle posizioni del metodo storico liberale, Ratzinger riceve da lui degli insegnamenti fondamentali. «La Sacra Scrittura era l'anima del nostro studio teologico: abbiamo realmente vissuto con la Sacra Scrittura e imparato ad amarla, a parlare con essa»[16]. Da Friedrich Stummer, docente di Antico Testamento, apprende che esso rivela il mistero di Gesù, così che il Nuovo Testamento è «un'interpretazione di "legge, profeti e scritti"» a partire dalla sua storia terrena. Grazie alle lezioni di Josef Pascher, professore di teologia pastorale, e alla lettura delle opere di Romano Guardini, Ratzinger diviene un sostenitore del movimento liturgico. Pascher, oltre a tenere un corso sul senso e la struttura della

[16] Benedetto XVI, Visita al Seminario Romano Maggiore, 17 febbraio 2007.

Messa, che insegnava a celebrare con grande solennità, era anche direttore del Georgianum, così che «liturgia vissuta e celebrata e liturgia insegnata e pensata andavano insieme»[17].

Altri due docenti di particolare spessore sono Michael Schmaus, ordinario di Teologia dogmatica, famoso per la sua straordinaria chiarezza espositiva, e Gottlieb Söhngen, professore di Teologia fondamentale, animato da una insaziabile curiosità di conoscenza. Le loro strade, in quegli anni, sono destinate a incrociarsi numerose volte con quella di Ratzinger. Ma se Söhngen vedrà in lui l'allievo che supera il maestro, Schmaus cercherà invece in vario modo di bloccare sul nascere la carriera accademica di quello che sprezzantemente definisce un «teenager della teologia».

Dubbi, domande e un sì convinto

Nel parco del castello di Fürstenried, Ratzinger può dedicarsi a delle lunghe passeggiate, durante le quali rielabora gli insegnamenti ricevuti nel corso delle lezioni, maturando una propria visione della realtà, e prende alcune decisioni importanti in risposta a molteplici problemi e domande. Ha chiara infatti la via da seguire, tuttavia si chiede se il celibato sia davvero ciò che fa per lui e se riuscirà ad essere un buon parroco.

Ratzinger è affascinato dalla teologia scientifica, dalla possibilità di riflettere sulle domande originarie dell'esperienza umana, di affrontare i più profondi interrogativi sul senso della propria vita e arrivare alla questione delle radici dell'essere. Sogna di diventare professore universitario, ma la chiamata al sacerdozio implica un impegno molto maggiore del piacere di fare teologia. Il lavoro in una parrocchia, anzi, può spesso distogliere dalla speculazione teologica ed esigere tutt'altro tipo di occupazioni.

[17] *Ibidem.*

È piuttosto timido, poco pratico, non è sportivo né dotato di capacità organizzative o amministrative... Sarebbe stato in grado di entrare in rapporto con le persone, essere sempre disponibile verso le varie categorie d'età e di cultura: guidare e animare la gioventù cattolica, insegnare religione ai bambini, assistere gli anziani e i malati? Era davvero questa la sua vocazione? E inoltre: sarebbe stato capace di vivere il celibato per tutta la vita? Lo definirà una «rinuncia che sarebbe divenuta feconda»[18], una «anticipazione del futuro» già in questo mondo[19]. Ratzinger affronta spesso queste domande, sia nel parco di Fürstenried che in cappella durante la preghiera, finché alla fine di ottobre del 1950 pronuncia un sì convinto in occasione della sua ordinazione diaconale.

In dialogo con sant'Agostino

Ma nel frattempo è intervenuto un episodio destinato a cambiare l'indirizzo della sua vita. Presso la facoltà di teologia, v'era la prassi di premiare ogni anno una ricerca su un tema assegnato, da elaborare nell'arco di nove mesi e da consegnare anonima. Se un lavoro otteneva il premio, oltre a una modesta somma di denaro, veniva anche accettato come dissertazione, con la valutazione di *summa cum laude*, aprendo le porte per il dottorato. Nell'estate del 1950, dopo l'esame conclusivo degli studi teologici, il professor Söhngen fa sapere a Ratzinger che quell'anno sarebbe toccato a lui decidere l'argomento della ricerca da premiare. Il tema scelto è: "Popolo e casa di Dio nell'insegnamento di sant'Agostino sulla Chiesa". Söhngen si aspetta la partecipazione di Ratzinger e il giovane teologo se ne sente obbligato. Ma in fondo ha tutti gli strumenti per cimentarsi nell'impresa: si era dedicato assiduamente

[18] Joseph Ratzinger, *La mia vita. Autobiografia*, p. 58.

[19] Benedetto XVI, Veglia in occasione dell'Incontro internazionale dei sacerdoti, a conclusione dell'Anno sacerdotale, 10 giugno 2010.

alla lettura dei Padri della Chiesa e aveva anche frequentato un seminario di Söhngen su Agostino. Inoltre, l'anno prima aveva ricevuto in dono da Alfred Läpple un volume che diventerà per lui una lettura di riferimento: *Cattolicismo* di Henri de Lubac, che secondo Ratzinger è «l'opera più significativa» del celebre teologo francese. «In quel libro si percepiva il tacito confronto con il liberalismo e con il marxismo, la drammatica lotta del cattolicesimo francese per aprire una nuova breccia alla fede nella vita culturale del nostro tempo – spiega Ratzinger –. De Lubac accompagna il suo lettore da un modo individualistico e angustamente moralistico di credere verso il largo di una fede pensata e vissuta socialmente, comunitariamente nella sua stessa essenza, ad una fede che proprio perché era per sua stessa natura anche speranza, investiva la totalità della storia e non si limitava a promettere al singolo la sua beatitudine privata»[20]. Può così addentrarsi sempre più nel dialogo con Agostino, già tentato in molti modi e da lungo tempo.

Ratzinger si dedica alacremente al lavoro da presentare per il concorso. Avendo ricevuto in quei mesi l'ordinazione suddiaconale e quella diaconale, occorre inoltre occuparsi della preparazione all'ordinazione sacerdotale e agli aspetti pratici del ministero, tra i quali l'avviamento alla predicazione e alla catechesi. Come conciliarli con l'elaborazione del suo tema? Gli fu possibile grazie alla tolleranza del seminario e alla condiscendenza dei suoi compagni; il fratello maggiore Georg si fece carico delle incombenze legate all'ordinazione, mentre la sorella Maria, impiegata come segretaria in uno studio legale, provvide nel tempo libero a redigere in bella copia il manoscritto, che poté essere consegnato nei termini previsti. «Mi sentii felice, quando finalmente fui libero di questa bella, ma pur pesante fatica, e almeno per gli ultimi due mesi potei dedicarmi interamente a prepararmi al grande passo: l'ordinazione sacerdotale»[21], confida nella sua autobiografia.

[20] Joseph Ratzinger, *La mia vita. Autobiografia*, p. 64.
[21] *Ibidem*, p. 65.

«*ADSUM*, SONO QUI»: L'ORDINAZIONE SACERDOTALE

L'imposizione delle mani sul capo di Joseph Ratzinger da parte del cardinale Faulhaber, il 29 giugno 1951.

Il 29 giugno 1951, festa dei santi apostoli Pietro e Paolo, è per lui un giorno decisivo: l'ordinazione sacerdotale avviene nel duomo di Frisinga per mano del cardinale Faulhaber. «Eravamo più di quaranta candidati; quando venimmo chiamati rispondemmo *Adsum*, "sono qui" – racconta lo stesso Ratzinger –. Era una splendida giornata d'estate, che resta indimenticabile, come il momento più importante della mia vita»[22]. Mentre è prostrato per terra, come avvolto dalle litanie dei santi, si rende conto di non essere solo sulla via intrapresa, «ma che la grande schiera dei santi cammina con noi e i santi ancora vivi, i fedeli di oggi e di domani, ci sostengono e ci accompagnano»[23]. «Non si deve essere superstiziosi, ma nel momento in cui l'anziano arcivescovo impose le mani su di me, un uccellino – forse un'allodola – si

[22] *Ibidem.*

[23] Benedetto XVI, Incontro con i sacerdoti e i diaconi permanenti della Baviera, in occasione del Viaggio apostolico a Monaco, Altötting e Ratisbona, Frisinga, 14 settembre 2006.

I fratelli Georg e Joseph Ratzinger insieme all'amico Rupert Berger (al centro), nel giorno dell'ordinazione sacerdotale, il 29 giugno 1951. Vengono accolti e festeggiati a Traunstein, il paese dove si erano stabiliti i loro genitori.

levò dall'altare maggiore della cattedrale e intonò un piccolo canto gioioso; per me fu come se una voce dall'alto mi dicesse: va bene così, sei sulla strada giusta»[24], ricorda. Dopo l'imposizione delle mani, quando infine il cardinale Faulhaber gridò: «*Iam non dico vos servos, sed amicos*», «Non vi chiamo più servi, ma amici», Ratzinger sperimenta l'ordinazione come «iniziazione nella comunità degli amici di Gesù, che sono chiamati a stare con Lui e ad annunciare il suo messaggio»[25]. Ecco una delle chiavi principali del pensiero ratzingeriano: la fede come una compagnia di amici nella quale non si è mai da soli!

Insieme a lui, veniva ordinato sacerdote anche il fratello maggiore Georg, musicista; già a lezione i colleghi li indicavano come "Orgel-Ratz" e "Bücher-Ratz": il Ratzinger dell'organo (Georg) e il Ratzinger dei libri (Joseph), evidenziando le loro inclinazioni artistiche e intellettuali[26]. Celebrano la prima Messa l'8 luglio presso la chiesa parrocchiale di Sant'Osvaldo a Traunstein. L'edificio è illuminato a festa e una gioia palpabile coinvolge tutti i presenti nell'azione sacra. Al termine della funzione, i sacerdoti novelli sono invitati a portare in tutte le case la benedizione e vengono accolti dovunque, anche da persone del tutto sconosciute, con una grandissima e inattesa cordialità. «Sperimentai così molto direttamente quali grandi attese gli uomini abbiano nei confronti del sacerdote, quanto aspettino la sua benedizione, che deriva dalla forza

[24] Joseph Ratzinger, *La mia vita. Autobiografia*, p. 65.
[25] Benedetto XVI, Incontro con i sacerdoti e i diaconi permanenti della Baviera, in occasione del Viaggio apostolico a Monaco, Altötting e Ratisbona, Frisinga, 14 settembre 2006.
[26] Cfr. Gianni Valente, *Ratzinger professore*, p. 26.

del sacramento. Non si trattava della mia persona o di quella di mio fratello: che cosa avrebbero potuto significare per se stessi due giovani come noi per tanta gente che incontravamo? Essi vedevano in noi delle persone cui Cristo aveva affidato un compito, per portare la sua presenza fra gli uomini»[27].

L'immaginetta-ricordo dell'ordinazione sacerdotale e della prima Messa, firmata da Joseph Ratzinger.

Per l'immaginetta-ricordo di quell'avvenimento, Ratzinger sceglie una frase di san Paolo: «Noi non intendiamo far da padroni sulla vostra fede; siamo invece i collaboratori della vostra gioia» (2Cor 1,24). «In un cammino non sempre facile, sono andato avanti – ricorderà da Papa –. Il Signore mi ha aiutato ad arrivare fino al sì del sacerdozio, un sì che mi ha accompagnato ogni giorno della mia vita»[28].

IN PARROCCHIA, A MONACO

Il successivo primo agosto inizia il ministero come coadiutore nella parrocchia del Preziosissimo Sangue, che sorge in un quartiere residenziale di Monaco, Bogenhausen, nel quale abitano artisti, intellettuali, funzionari, ma anche piccoli commercianti, impiegati e il personale di servizio dei ceti più benestanti. Affianca il parroco Max Blumschein, un uomo che «ardeva interiormente» e che non poneva alcun limite alla sua disponibilità. «Fino al suo ultimo respiro volle svolgere il suo

[27] Joseph Ratzinger, *La mia vita. Autobiografia*, p. 66.
[28] Benedetto XVI, Visita al Seminario Romano Maggiore, 17 febbraio 2007.

servizio di sacerdote con tutte le fibre della sua esistenza. Morì mentre portava il viatico a un malato grave»[29].

Gli impegni sono numerosi e Ratzinger ne è inizialmente disorientato: sedici ore settimanali di lezioni di religione in cinque classi diverse, un'ora ogni mattina in confessionale e quattro ore il sabato pomeriggio, parecchi funerali nei diversi cimiteri della città, poi battesimi e matrimoni. Ma ben presto il lavoro a scuola diviene per lui motivo di gioia e matura una buona intesa con i vari gruppi giovanili cattolici, pur rendendosi conto «di quanto la mentalità e il modo di vivere di molti ragazzi fossero lontani dalla fede, quanto poco l'insegnamento della religione trovasse ancora appoggio nella vita e nel modo di pensare delle famiglie». Anni dopo, Ratzinger svilupperà queste riflessioni nel contributo *I nuovi pagani e la Chiesa*, che suscitò un dibattito vivace[30].

Traunstein, 8 luglio 1951, la prima Messa dei fratelli Ratzinger.

Il servizio in parrocchia dura poco più di un anno – il periodo più bello della sua vita, confiderà a Peter Seewald[31]. Il primo ottobre 1952 i superiori lo chiamano all'insegnamento presso il seminario di Frisinga, con un corso sulla pastorale dei sacramenti. È l'esito naturale del suo percorso, tuttavia Ratzinger soffre per la perdita di quella «pienezza di relazioni ed esperienze umane» che gli aveva dato la cura pastorale. «La sensazione che si aveva bisogno di me e che stavo svolgendo un servizio importante mi aveva aiutato a dare l'impossibile e a sperimentare la gioia del ministero sacerdotale, non altrettanto immediatamente

Nella pagina a fianco, Joseph Ratzinger celebra Messa in una località di montagna vicina alla città bavarese di Ruhpolding, nell'estate del 1952.

[29] Joseph Ratzinger, *La mia vita. Autobiografia*, p. 66.

[30] In esso Ratzinger parla di un'Europa «cristiana di nome», divenuta «ormai da quattrocento anni culla di un nuovo paganesimo, che cresce senza sosta nel cuore stesso della Chiesa e minaccia di demolirla dall'interno». Una Chiesa, a sua volta, composta da «pagani che si chiamano ancora cristiani e in realtà sono divenuti pagani».

[31] Benedetto XVI, *Ultime conversazioni*, a cura di Peter Seewald, Garzanti, Milano 2016, p. 92.

percettibile nel nuovo compito che mi era stato affidato»[32]. Si aggiungevano a ciò le Messe e le confessioni in duomo e la direzione di un gruppo giovanile, oltre all'esame di dottorato, portato a termine nel luglio del 1953, quando conseguì il titolo di dottore in teologia.

Il sacerdozio non è «semplicemente "ufficio", ma sacramento: Dio si serve di un povero uomo al fine di essere, attraverso lui, presente per gli uomini e di agire in loro favore», dirà Benedetto XVI l'11 giugno 2010, nell'omelia a conclusione dell'Anno sacerdotale, da lui indetto nel 150° anniversario della morte di Giovanni Maria Vianney, santo patrono di tutti i parroci del mondo. V'è in ciò l'«audacia» di Dio, «che ad esseri umani affida se stesso» nonostante le loro debolezze, perché portando in sé «il fuoco dell'amore di Cristo» rendano sperimentabile a tutti la «premura» di Dio nei confronti di ogni uomo[33].

Alcuni punti essenziali dell'essere sacerdote li ricorda lui stesso, dialogando con i seminaristi del Seminario Romano Maggiore[34] e in varie altre occasioni: primo, non manchi mai la Messa quotidiana; secondo, prendere tempo per la Liturgia delle Ore e la preghiera; terzo, alimentare il contatto individuale con la Parola di Dio, che va tradotta e resa comprensibile per gli altri, ma nel silenzio della meditazione e nell'incontro personale con Dio parla e diviene parola che tocca anche il proprio cuore. Infine, non perdere la comunione con gli altri sacerdoti e con i compagni di via e la disponibilità per la gente affidata alle proprie cure pastorali, la *caritas*, «perché proprio da questa gente, con le sue sofferenze, le sue esperienze di fede, i suoi dubbi e difficoltà, possiamo anche noi imparare, cercare e trovare Dio. Trovare il nostro Signore Gesù Cristo»[35].

[32] Joseph Ratzinger, *La mia vita. Autobiografia*, p. 68.
[33] Benedetto XVI, Omelia della Messa a conclusione dell'Anno sacerdotale, 11 giugno 2010.
[34] Benedetto XVI, Visita al Seminario Romano Maggiore, 17 febbraio 2007.
[35] *Ibidem*.

CAPITOLO V

TEOLOGO E PROFESSORE

«Il mondo universitario, durante un lungo periodo della mia vita, è stato la mia patria spirituale»[1], spiegava Benedetto XVI al rientro dal suo viaggio apostolico in Germania nel settembre 2006. Il suo percorso accademico era infatti cominciato agli inizi degli anni Cinquanta in terra bavarese, con l'insegnamento della Teologia fondamentale e dogmatica presso il seminario sacerdotale (1952-1954) e l'Accademia filosofico-teologica (1954-1958), entrambi a Frisinga.

UN'ABILITAZIONE FATICOSA

Dato che per la tesi di dottorato si era dedicato alla Chiesa antica[2], il suo relatore Gottlieb Söhngen aveva suggerito che il lavoro per l'abilitazione alla libera docenza dovesse vertere sul Medioevo o l'età moderna. Il tema scelto fu il concetto di rivelazione in Bonaventura, non più solo «come la comunicazione di alcune verità alla ragione, ma come l'agire storico di Dio, in cui la verità si svela gradatamente»[3]: una parola definitiva e al contempo inesauribile, che non è cristallizzata nel passato ma ha sempre qualcosa di nuovo da dire all'uomo.

La ricerca è per Joseph fruttuosa e appassionante e alla fine del 1955 può consegnare il suo lavoro, senza tuttavia immaginare quali «nubi temporalesche» si stessero addensando su di lui. Mentre Söhngen ne è entusiasta, il correlatore Michael Schmaus convoca Ratzinger a Königstein nella Pasqua del 1956. Nel corso di un breve colloquio, «in maniera piuttosto fredda e senza alcuna emozione mi dichiarò che doveva ricusare il mio lavoro di abilitazione, perché non rispondeva ai criteri di rigore scientifico richiesti per opere di quel genere»[4],

[1] Benedetto XVI, Udienza generale, 20 settembre 2006.
[2] "Popolo e casa di Dio nell'insegnamento di sant'Agostino sulla Chiesa", un argomento di patristica discusso nel 1953.
[3] Joseph Ratzinger, *La mia vita. Autobiografia*, Edizioni San Paolo, Cinisello Balsamo (MI) 1997, p. 70.
[4] *Ibidem*, p. 73.

rammenta l'antico studente. È una crisi improvvisa: i progetti futuri, tutti rivolti all'insegnamento della teologia, sembrano crollare. Grava inoltre su di lui la preoccupazione per i suoi genitori, che da Traunstein lo avevano seguito a Frisinga, andando ad abitare nella casa vicina al duomo a lui assegnata.

Perché un giudizio così sfavorevole? Anzitutto Ratzinger criticava severamente, ritenendole superate, le posizioni della ricerca sul Medioevo condotta a Monaco, della quale Schmaus era allora il principale esponente; affrontava poi un tema medievale senza affidarsi alla sua guida. Il testo presentava inoltre numerosi errori nelle citazioni, dovuti a una dattilografa lenta e distratta.

Joseph Ratzinger tiene una lezione di teologia presso l'università di Frisinga nel 1955, durante il semestre estivo.

Schmaus non concordava sul risultato delle analisi e imputava all'autore un «pericoloso modernismo», insieme al rischio del soggettivismo. Ratzinger sosteneva infatti che del concetto di rivelazione fa parte anche il soggetto che la riceve: essa precede la Scrittura e vi si riflette, pur non essendo a essa identica. «La rivelazione è sempre più grande del solo scritto» e se ne deduce «che alla Scrittura è legato il soggetto comprendente, la Chiesa, e con ciò è già dato anche il senso essenziale della tradizione»[5].

Il consiglio di facoltà attenuò tuttavia il verdetto di condanna: il lavoro non era respinto ma riconsegnato al candidato perché fosse corretto. Sfogliando il testo, Ratzinger si accorse che mentre le prime

[5] *Ibidem*, pp. 74-75. Rivelazione, Scrittura e Tradizione sono dei concetti sostanziali acquisiti durante gli studi, che si riveleranno molto importanti per Ratzinger nel corso del dibattito conciliare.

Ratzinger nel 1955: è il primo sulla destra.

due parti erano fittissime di «annotazioni polemiche» da parte di Schmaus, l'ultima era priva di osservazioni critiche. Questa era dedicata alla teologia della storia di Bonaventura, e in essa l'autore si soffermava tra l'altro nel confronto tra Bonaventura e l'abate calabrese Gioacchino da Fiore. Da qui la sua intuizione: questa parte della tesi godeva di una sua autonomia e la si sarebbe potuta separare dal resto dell'opera, ottenendone un lavoro più breve della media, «ma sufficientemente esteso per dimostrare la capacità di condurre autonomamente un'indagine teologica»[6]. Già in ottobre riesce a ripresentare la sua tesi, nel febbraio 1957 si apprende che il consiglio di facoltà l'ha accettata e per il 21 del mese viene fissata la lezione pubblica di abilitazione.

Quella mattina l'aula era stracolma e si avvertiva nell'aria «una strana tensione, quasi fisica»[7]. Dopo la lezione di Ratzinger, la parola spettava al relatore Söhngen e al correlatore Schmaus, che iniziarono subito a disputare tra loro, senza lasciargli spazio. Alla fine, l'esame era superato e lui abilitato all'insegnamento, anche se il peso dell'incubo che aveva vissuto quasi non gli permise di provare gioia.

[6] *Ibidem*, p. 77.
[7] *Ibidem*, p. 78.

Molti anni più tardi Ratzinger tornerà a parlare di quella fase, considerando che «le umiliazioni sono necessarie»: «Dover riconoscere di tanto in tanto la propria miseria e non fare la figura del grande eroe ma del piccolo candidato che si trova sull'orlo dell'abisso e deve scendere a patti con la situazione è un'esperienza positiva. (...) Credo che per un giovane sia pericoloso bruciare una tappa dietro l'altra ricevendo sempre e solo elogi. È un bene che egli conosca i suoi limiti, subisca anche critiche, debba sperimentare una fase negativa. Che nei suoi limiti si riconosca e veda che non si passa sempre da una vittoria all'altra, ma che esistono anche le sconfitte»[8].

Finalmente professore

Nominato libero docente presso l'università di Monaco, nell'estate del 1958 – nonostante l'iniziale contrarietà del suo vescovo, il cardinale Joseph Wendel – Ratzinger accetta la cattedra di Teologia fondamentale all'università di Bonn, allora capitale della Repubblica Federale di Germania. Vi inizia le lezioni nel giugno del 1959, esordendo con una conferenza sul tema "Il Dio della fede e il Dio dei filosofi". «Il primo semestre – rievoca – resta un ricordo grandioso, come una festa di primo amore»[9].

Nell'agosto di quello stesso anno, il padre, la cui salute era andata deteriorandosi già dall'anno precedente, ebbe un grave colpo apoplettico. Trascorse due giorni di agonia, circondato dai suoi cari, e il 25 agosto morì. «Quando, dopo questo fatto, feci ritorno a Bonn, sentivo che per me il mondo era diventato un po' più vuoto e che un pezzo di me, della mia casa, si era spostato nell'altro mondo»[10], confida il teologo.

[8] Benedetto XVI, *Ultime conversazioni*, a cura di Peter Seewald, Garzanti, Milano 2016, pp. 96-97.
[9] Joseph Ratzinger, *La mia vita. Autobiografia*, p. 84.
[10] *Ibidem*, p. 85.

Un ritratto del 1959 mostra Joseph Ratzinger vicino a un pianoforte, sormontato dai quadri dei suoi genitori, Joseph e Maria.

L'AVVENTURA ACCADEMICA

Saranno quattro le sedi universitarie nelle quali si snoderà il percorso accademico di Ratzinger, prima della nomina ad arcivescovo di Monaco e Frisinga: Bonn (1959-1963), Münster (1963-1966), Tubinga (1966-1970) e Ratisbona (1970-1977). Già negli anni di Bonn ha inizio un evento fondamentale per la sua vita: il Concilio ecumenico Vaticano II. Al Concilio il teologo bavarese farà parte della maggioranza riformatrice e agirà da protagonista, pur nell'alveo di un lavoro corale. Dal Concilio otterrà una investitura internazionale, ma anche gelosie e difficoltà nella sua carriera accademica.

Nel 1962 Hermann Volk, teologo dogmatico suo amico, viene nominato vescovo di Magonza, lasciando libera la cattedra all'università di Münster, in Westfalia, e insistendo perché Ratzinger la accetti.

Il giovane professore è combattuto: ama la Renania, i suoi studenti e il suo lavoro a Bonn, però il suo vero campo d'azione è la dogmatica, che gli avrebbe aperto prospettive più ampie della teologia fondamentale. Inoltre, sarebbe stata meglio valorizzata la sua preparazione scritturistica e patristica. Decide tuttavia di rifiutare la proposta. Interviene però un ulteriore elemento: la situazione della facoltà di Bonn è carica di tensioni. Ratzinger urta con delle resistenze riguardo alle tesi di dottorato di due giovani studiosi da lui seguiti, che rischiano di naufragare. Questa ostilità dipende probabilmente anche dall'invidia dei colleghi per il suo inserimento nel cuore delle dinamiche conciliari. Il professore rivive il dramma della sua abilitazione e Münster gli appare la via indicatagli dalla Provvidenza per poter aiutare i suoi allievi, evitando che la vicenda si ripeta in futuro. Così nel 1963 inizia lì il suo insegnamento.

In quello stesso anno si registra una «profonda cesura» nella sua vita: la madre si ammala di cancro e il 16 dicembre si spegne. «La luce della sua bontà è rimasta e per me è divenuta sempre più una concreta dimostrazione della fede da cui lei si era lasciata plasmare – osserva Ratzinger –. Non saprei indicare una prova della verità della fede più convincente della sincera e schietta umanità che la fede ha fatto maturare nei miei genitori e in molte altre persone che ho potuto incontrare»[11].

Poco tempo dopo, il fratello Georg riceve l'incarico di maestro della cappella del duomo di Ratisbona, divenendo direttore dei Piccoli Cantori della Cattedrale, i famosi "Passeri del Duomo". Quest'evento sancisce l'addio a Traunstein e Ratisbona, «l'antica città imperiale sul Danubio», diviene un punto di riferimento per i Ratzinger: lì si incontrano per le vacanze e lì iniziano a sentirsi sempre più a casa propria.

[11] *Ibidem*, p. 97.

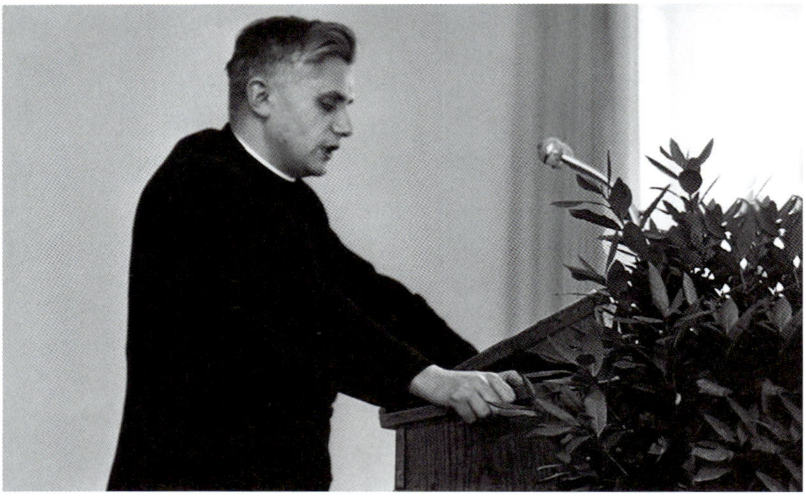

Joseph Ratzinger a Münster, dove ha insegnato dal 1963 al 1966.

Da Münster a Tubinga

Pur essendosi ambientato benissimo a Münster, stimato dal corpo docente e dagli studenti, Ratzinger avverte però una profonda nostalgia della sua terra natale, molto distante dalla sua attuale sistemazione. Perciò, quando l'università di Tubinga, su insistenza del teologo Hans Küng, gli offre la seconda cattedra di dogmatica appena istituita, il professore accetta e già nel semestre estivo del 1966 inizia le sue lezioni nella piccola città sveva. Con Küng – che ha conosciuto nel 1957 e con il quale ha condiviso l'esperienza del Concilio – v'è un rapporto di simpatia personale e un dialogo stimolante, pur nella differenza delle posizioni teologiche, anche se le loro strade prenderanno col tempo direzioni sempre più divergenti.

L'anno successivo avviene però, come un trauma, un repentino cambiamento nel paradigma culturale: se fino a quel momento il modo di pensare era stato determinato dalla teologia di Rudolf Bultmann e dalla filosofia di Martin Heidegger, in breve tempo lo schema esistenzialistico crollò e venne sostituito da quello marxista. I pensatori di riferimento diventano il filosofo Ernst Bloch, che insegnava a

Tubinga, e il teologo Jürgen Moltmann, iniziatore della "teologia della speranza": «L'esistenzialismo andava a pezzi e la rivoluzione marxista si accendeva in tutta l'università, la scuoteva fin dalle fondamenta»[12], ricorda Ratzinger. Le facoltà di teologia divengono insomma il vero centro ideologico del marxismo, mentre la fede «cedeva alla politica il ruolo di forza salvifica»[13].

Ratzinger racconta che nel suo corso di cristologia aveva cercato di reagire alla riduzione esistenzialistica, con dei contrappesi desunti dal pensiero marxista che, proprio per le sue origini giudaico-messianiche, conserva ancora degli elementi cristiani. «Ma la distruzione della teologia, che avveniva attraverso la sua politicizzazione in direzione del messianismo marxista, era incomparabilmente più radicale, proprio perché si basava sulla speranza biblica, ma la stravolgeva, così da conservare il fervore religioso, eliminando, però, Dio e sostituendolo con l'azione politica dell'uomo»[14], rileva.

Nonostante tutto, il professore può realizzare un suo antico progetto: un corso denominato "Introduzione al cristianesimo", una dettagliata esposizione del Credo degli apostoli. Ben presto ne nacque un libro, tradotto in oltre 20 lingue.

Ratisbona, l'ultima cattedra universitaria

Stanco delle «logoranti polemiche» di Tubinga, dove il clima è conflittuale e l'ideologia è propugnata in nome della fede, Ratzinger comprende che la discussione è impossibile e decide di andar via. «Quasi trent'anni dopo, anche se con argomenti diversi, filosofi come

[12] *Ibidem*, p. 103.

[13] Joseph Ratzinger, nuovo saggio introduttivo a *Introduzione al cristianesimo*, Queriniana, Brescia 2003, p. 11.

[14] Joseph Ratzinger, *La mia vita. Autobiografia*, p. 104.

Jürgen Habermas e André Glucksmann indicarono la rottura del dialogo come unica reazione giusta nei confronti del terrore, dando così ragione, indirettamente, al comportamento del professore di dogmatica Ratzinger verso la rivolta studentesca del '68»[15], ragionerà Alfred Läpple, suo ex prefetto di studi.

Nel 1969 accetta così l'offerta della cattedra di dogmatica a Ratisbona, ateneo nel quale ricoprirà le cariche di decano di facoltà e vicerettore. La famiglia Ratzinger si può ricomporre e Joseph lo considera come il suo ultimo trasferimento.

L'avvio non è semplice: l'università è nata da pochi anni, la rivolta marxista si avverte anche lì, ma l'ateneo gradualmente si struttura. Si amplia e diviene sempre più internazionale il gruppo dei laureandi di Ratzinger, che si estende dagli Stati Uniti al Benin, dall'Armenia all'India alla Corea.

Ratzinger è un professore brillante, tiene lezioni avvincenti e affollatissime. Si interessa inoltre degli aspetti pratici della vita dei suoi studenti, dall'alloggio al vitto, alle spese.

«Per parte mia, non mi sono limitato a mettere insieme qualcosa dai manuali, ma, al modo di sant'Agostino, ho cercato, per quanto possibile, di porre chiaramente in relazione quel che insegnavo con il presente e con la nostra fatica personale», illustra al giornalista Peter Seewald[16].

La sua attenzione di studioso rimane fissa sulla Chiesa, che «esiste perché Dio possa essere visto». «Non ho mai cercato di creare un mio sistema, una mia particolare teologia», osserva. Ratzinger si propone di pensare «insieme con la fede della Chiesa, e ciò significa pensare soprattutto insieme con i grandi pensatori della fede». La sua non è una teologia «puramente filosofica», ma parte dalla Parola di Dio e cerca di conoscerla e di comprenderla sempre più profonda-

[15] Alfred Läpple, *Benedetto XVI e le sue radici*, Marcianum Press, Venezia 2009, p. 142.

[16] Joseph Ratzinger, *Il sale della terra. Cristianesimo e Chiesa cattolica nella svolta del Millennio. Un colloquio con Peter Seewald*, Edizioni San Paolo, Cinisello Balsamo (MI) 1997, p. 73.

mente. Ha un'impronta biblica e una che le deriva dai Padri della Chiesa: «Naturalmente – nota Ratzinger –, cerco di non restare fermo alla Chiesa antica, ma di aver presenti i punti fondamentali del pensiero del passato e, insieme, di coinvolgere nel dialogo il pensiero contemporaneo»[17].

Ratzinger nei primi anni Sessanta.

Il 4 giugno del 1970 il professor Ratzinger interviene all'Accademia cattolica di Baviera a Monaco, con una conferenza dal titolo "Perché oggi sono ancora nella Chiesa". «Sono nella Chiesa perché, nonostante tutto, credo che nel profondo essa non sia nostra, bensì proprio "Sua"», risponde il teologo. «Malgrado tutte le sue debolezze umane – aggiunge –, è la Chiesa che ci dà Gesù Cristo e solo grazie a essa noi possiamo riceverlo come una realtà viva, potente, che mi sfida e mi arricchisce qui e ora. (...) Soltanto la Chiesa, dandoci Gesù Cristo, rendendolo vivo e presente nel mondo, facendolo rinascere continuamente nella fede e nelle preghiere degli uomini, dà all'umanità una luce, un sostegno e un criterio, senza i quali il mondo non sarebbe più concepibile. Chi vuole la presenza di Gesù Cristo nell'umanità, non la può trovare contro la Chiesa, ma solo in essa»[18].

Negli anni di Ratisbona, prende inoltre corpo l'ultimo volume del professor Ratzinger prima della nomina episcopale, nel quale si sofferma sulle realtà ultime, da lui stesso definito la sua «opera più elaborata e accurata»: *Escatologia. Morte e vita eterna*[19].

[17] *Ibidem*, pp. 74-75.
[18] Joseph Ratzinger - Benedetto XVI, *Perché siamo ancora nella Chiesa*, Rizzoli, Milano 2008, pp. 152-153.
[19] Joseph Ratzinger, *Escatologia. Morte e vita eterna*, Cittadella Editrice, Assisi 2008.

Il Circolo degli allievi

Già a Bonn hanno inizio gli incontri con i dottorandi, una caratteristica dello stile accademico tedesco, che a Ratisbona troverà per Ratzinger il pieno compimento. Lo spettro dei temi affrontati nelle tesi è amplissimo. Ratzinger non segue i suoi studenti individualmente, ma li riceve in gruppo: è il loro *Doktorvater*, il professore-padre. «Ci incontravamo ogni due-tre settimane, non in università ma in seminario e avevamo l'impressione che in lui teologia e spiritualità fossero unite», racconta padre Stephan Otto Horn[20], docente emerito di Teologia fondamentale che conosce dal 1970 il professor Ratzinger, di cui è stato allievo e assistente universitario a Ratisbona, dal 1972 al 1977. Oggi, oltre a essere il coordinatore dello Schülerkreis, il Circolo degli allievi di Ratzinger, è incaricato di custodire l'opera e il pensiero del Papa emerito mediante l'impegno nelle diverse istituzioni che portano il suo nome.

«L'incontro iniziava con la Messa. Dopo si discuteva tutti insieme. Lui temeva che potesse risultarci problematico non essere guidati personalmente ma attraverso questi incontri, nei quali ciascuno presentava il suo studio per poi discutere insieme con grande libertà, ma anche intensamente. Quando avanzavamo qualche proposta, Ratzinger non dava una risposta immediata, ma poi riusciva a riassumere i nostri discorsi meglio di quanto potessimo fare noi, aggiungendo le sue riflessioni. Lui però non si imponeva: aveva un pensiero chiarissimo, ma si discuteva sempre liberamente. Voleva solo accertare la verità e tutto si svolgeva con grande semplicità. È sempre stato un po' timido, però con noi questa timidezza non si avvertiva».

Anche da arcivescovo di Monaco, Ratzinger si reca ogni tanto a Ratisbona per seguire i suoi ultimi dottorandi. In seguito sono co-

[20] Stephan Otto Horn, "Lì è venuta la vera gioia di essere teologo", intervista di Luca Caruso pubblicata su *L'Osservatore Romano* del 28-29 dicembre 2014.

Ratzinger tra Karl Rahner e il suo allievo Martin Bialas, nel febbraio 1977 presso l'abbazia benedettina di Weltenburg, in Baviera.

minciati gli incontri annuali dello Schülerkreis. «In realtà è difficile individuare con precisione una data: prima c'erano stati gli incontri e i colloqui con i dottorandi – nota padre Horn –. All'inizio del 1978, alcuni mesi dopo la sua nomina a cardinale, ci siamo riuniti tutti, non solo i dottorandi di Ratisbona, ma anche quelli di Bonn, di Münster e di Tubinga, dato che in ogni università in cui aveva insegnato aveva il suo gruppo. Quella è stata la prima volta, tutti insieme eravamo più di 50, poi alcuni anni dopo abbiamo iniziato a farlo regolarmente».

Già a Tubinga e poi a Ratisbona, tuttavia, Ratzinger promuove colloqui dei suoi allievi con un altro professore, coinvolgendo grandissimi teologi come Karl Rahner, Yves Congar, Hans Urs von Balthasar, Walter Kasper, i protestanti Karl Barth e Wolfhart Pannenberg e altri. Erano dei veri simposi, durante i quali si pregava, si studiava e si discuteva, ogni volta su un tema diverso.

I primi incontri dello Schülerkreis si svolgono ogni anno in una località differente, specie in Baviera, ma anche in altre parti della Germania. Diventando via via un impegno troppo gravoso per il cardinale, il Circolo inizia a riunirsi vicino a Ratisbona nel periodo delle

Ratzinger con padre Stephan Otto Horn a Steinfeld, in Germania, agli inizi degli anni Novanta.

sue vacanze, a fine agosto o a inizio settembre. Quando poi viene eletto Papa, gli ex allievi sono invitati a Castel Gandolfo. Gli prendono la mano e gli domandano di continuare ogni anno, come prima... «Con Ratzinger tutto è stato molto intenso, nutrendo amore per la Chiesa e un'amicizia tra tutti noi. Una esperienza di vita, senza la quale io non sarei potuto essere professore: lì è venuta la vera gioia di essere teologo», chiosa padre Horn.

L'OPERA E IL PENSIERO

La produzione editoriale di Joseph Ratzinger è vastissima e comprende più di 100 volumi, la maggior parte dei quali è costituita da raccolte di articoli. «Noi abbiamo sempre avuto l'impressione che fosse un teologo dogmatico e un professore di Teologia fondamentale, ma allo stesso tempo un esegeta, che ha studiato e meditato molto la Parola di Dio, l'Antico e il Nuovo Testamento – riflette padre Horn, volendo enucleare i capisaldi della teologia di Ratzinger –. Per noi è stato l'esempio di un teologo nella linea del Concilio Vaticano II, secondo cui la Sacra Scrittura è il fondamento e l'anima di tutta la teologia, anche alla luce dei primi Padri della Chiesa: il Verbo di Dio e la Chiesa si sono intrecciati nel suo pensiero. La teologia è fondata sulla Sacra Scrittura, che a sua volta è interpretata dal centro della fede della Chiesa. Non è una esegesi isolata, ma vive nella Chiesa e in essa è interpretata. Inoltre, secondo Ratzinger, i primi teologi sono i santi, che non studiano la Parola di Dio, ma la assumono con tutto il loro cuore e la loro vita. La teologia, dunque, dev'essere sempre in relazione con una vera spiritualità».

Quali pensatori hanno influito maggiormente nello sviluppo della teologia ratzingeriana? Secondo padre Horn «alcuni grandi pensieri li aveva tratti da sant'Agostino, sviluppando anche una teologia eucaristica: centro della Chiesa è l'eucarestia – questa è una sua convinzione fondamentale –, è Cristo che ci trae a sé quando si dona a noi, noi siamo tutti attratti da Lui e siamo uniti in Lui. E dunque la Chiesa non è solamente popolo di Dio, ma è popolo di Dio come corpo di Cristo, perché siamo uniti in Cristo. Cristo è il centro della Chiesa e ci trasforma in se stesso e così la Chiesa cresce nell'eucarestia».

«Un altro grande pensiero – prosegue il religioso – deriva da Bonaventura: la rivelazione non è solamente una somma di verità tramandate nel tempo, ma è l'autorivelazione di Dio a noi, dunque una storia tra Dio e l'uomo. Dio parla con noi e noi riceviamo la rivelazione e questa finisce solamente nella fede: la rivelazione è nel cuore che si apre a Dio che si rivela all'uomo. Dunque è un dialogo».

A Ratisbona Ratzinger crede di aver raggiunto il suo traguardo. È felice di acquisire sempre più chiaramente una propria visione teologica, potrà studiare e insegnare teologia, seguire i suoi studenti facendo crescere un gruppo di collaboratori, trasmettere loro l'amore per i Padri della Chiesa e la liturgia. Fa costruire una villetta con giardino nel borgo periferico di Pentling, e nel 1974 i tre fratelli fanno trasferire da Traunstein la lapide e i resti mortali dei loro genitori presso il cimitero cittadino.

Ma il 24 luglio 1976 muore improvvisamente il cardinale Julius August Döpfner, arcivescovo di Monaco. Iniziano a rincorrersi voci che indicano Ratzinger tra i candidati alla successione. L'interessato non dà loro peso: «Non potevo prenderle molto sul serio – ammette –, dato che i limiti della mia salute erano altrettanto noti come la mia estraneità a compiti di governo e di amministrazione; mi sentivo chiamato a una vita di studioso e non avevo mai avuto in mente niente di diverso»[21].

[21] Joseph Ratzinger, *La mia vita. Autobiografia*, p. 117.

CAPITOLO VI

IL CONTRIBUTO AL CONCILIO VATICANO II

Nella vita di Joseph Ratzinger il Concilio ecumenico Vaticano II (1962-1965) fu un evento decisivo, oltre che un avvenimento storico al quale hanno partecipato e nel primo periodo sono stati compresenti ben cinque Papi, o meglio gli uomini che hanno guidato la Chiesa per oltre cinquant'anni. Il giovane professore tedesco vi arriva al seguito del cardinale arcivescovo di Colonia Joseph Frings, in qualità di suo consulente teologico. A Roma trova Giovanni XXIII che ha indetto, inaugurato e condotto il Concilio nella preparazione e nella prima sessione; Giovanni Battista Montini, dapprima cardinale arcivescovo di Milano, poi Papa Paolo VI, che lo ha gestito dal secondo periodo e portato a conclusione; Albino Luciani, vescovo di Vittorio Veneto e futuro Giovanni Paolo I; Karol Wojtyla, prima vescovo ausiliare di Cracovia, poi arcivescovo metropolita della città polacca e infine Giovanni Paolo II.

Nell'omelia per l'apertura dell'Anno della Fede, ricordando l'inaugurazione del Concilio 50 anni prima, così Benedetto XVI ne descriveva il compito: «Far risplendere la verità e la bellezza della fede nell'oggi del nostro tempo, senza sacrificarla alle esigenze del presente né tenerla legata al passato: nella fede risuona l'eterno presente di Dio, che trascende il tempo e tuttavia può essere accolto da noi solamente nel nostro irripetibile oggi»[1], esortando poi a ravvivare «l'anelito a riannunciare Cristo all'uomo contemporaneo», tornando alla «lettera» del Concilio, cioè ai suoi testi.

Ma come ha origine la sua partecipazione al Concilio?

Ratzinger è un teologo tedesco formatosi al di fuori delle università pontificie, in ambienti che mirano ad affrancarsi dalla rigida impostazione neoscolastica prevalente a Roma. Inoltre, grazie ai suoi lavori sui concetti di Chiesa in sant'Agostino e di Rivelazione in san Bonaventu-

[1] Benedetto XVI, Omelia durante la Messa per l'apertura dell'Anno della Fede, 11 ottobre 2012.

ra, con i quali aveva ottenuto i gradi accademici, «era particolarmente idoneo e preparato ad affrontare le questioni centrali poste alla Chiesa nel XX secolo»[2].

L'INCONTRO CON IL CARDINALE FRINGS

Joseph Ratzinger a colloquio con il cardinale Frings, arcivescovo di Colonia.

L'annuncio del Vaticano II da parte di Giovanni XXIII avviene il 25 gennaio 1959 e suscita un sentimento di speranza. Ratzinger entra subito nel dibattito, con una conferenza sulla teologia del Concilio tenuta quello stesso anno presso l'Accademia cattolica della città di Bensberg, nella quale spiega tra l'altro che il Concilio non è un parlamento[3] e che primato petrino e collegialità episcopale sono elementi complementari nell'unità viva della Chiesa.

Ad ascoltarlo c'è anche l'arcivescovo di Colonia, il cardinale Frings, che intuisce le potenzialità del Concilio ed è alla ricerca di assistenti che possano aiutarlo nell'opera di rinnovamento ecclesiale. La collaborazione con il giovane teologo inizia subito, propiziata da Hubert Luthe, segretario del cardinale e compagno di studi di Ratzinger a Fürstenried. Ne sono testimonianza diversi scatti fotografici che li ritraggono insieme, intenti a parlare fitto. Frings appartiene infatti alla Commissione centrale per la preparazione del Concilio e riceve da Roma gli schemi preparatori che sarebbero stati presentati ai Padri. Per ottenerne pareri e proposte di miglioramento, li invia puntualmente

[2] Gerhard Ludwig Müller, "Un'immagine della Chiesa di Gesù Cristo che abbraccia tutto il mondo", riflessioni sul volume VII dell'Opera omnia di Joseph Ratzinger - Benedetto XVI, *L'insegnamento del Concilio Vaticano II.*

[3] «Il Concilio non è un parlamento e i vescovi non sono deputati (...). Essi non rappresentano il popolo, ma Cristo, dal quale ricevono missione e consacrazione» (Joseph Ratzinger - Benedetto XVI, *L'insegnamento del Concilio Vaticano II*, Opera omnia VII/1, Libreria Editrice Vaticana, Città del Vaticano 2016, p. 108).

Il professor Ratzinger con il cardinale Franz König, arcivescovo di Vienna.

a Ratzinger, che li trova «elaborati con cura e solidità di argomentazioni», pur se davano «un'impressione di rigidità e di scarsa apertura»[4]. La fase preparatoria del Concilio costituirà per lui un tirocinio nel quale focalizzerà le questioni chiave che verranno dibattute in assemblea, misurando i frutti dei suoi studi «con l'orizzonte globale della Chiesa e del suo rapporto con il mondo»[5] e profilando una sua partecipazione intensa all'avventura conciliare.

Il 20 novembre 1961 il cardinale Frings è invitato a tenere una conferenza a Genova, mettendo a confronto il contesto socioculturale nel quale si svolse il Concilio Vaticano I con quello del Vaticano II. La stesura del testo è affidata a Ratzinger. Se al tempo del Vaticano I il liberalismo cominciava ad addentrarsi nella teologia attraverso lo storicismo, portando presto alla crisi modernista – afferma il professore – quasi un secolo dopo l'umanità appare unificata e culturalmente omologata dalle conquiste tecnologiche, con la necessità per la Chiesa di cercare una nuova forma di proclamazione per adempiere la sua missione universale e far sì che «la nuova *koinè* dell'umanità venga plasmata in un unico dialetto cristiano»[6]. L'Occidente inoltre, entrando in contatto con nuovi attori globali, inizia a relativizzare la propria storia e la propria cultura, mentre la Chiesa è tenuta a presentare il suo annuncio di salvezza, riguardante non solo la vita eterna ma anche in risposta all'anelito di giustizia terrena, fornendo un'alternativa al marxismo e in tal modo contrapponendo «alle ideologie la fede come la vera risposta all'aspirazione dell'uomo verso il senso della vita»[7].

[4] Joseph Ratzinger, *La mia vita. Autobiografia*, Edizioni San Paolo, Cinisello Balsamo (MI) 1997, p. 88.
[5] Gianni Valente, *Ratzinger al Vaticano II*, Edizioni San Paolo, Cinisello Balsamo (MI) 2013, p. 44.
[6] Joseph Ratzinger - Benedetto XVI, *L'insegnamento del Concilio Vaticano II*, p. 62.
[7] *Ibidem*, p. 72.

La relazione arriva fino alla scrivania di Giovanni XXIII, che nel febbraio del 1962 convoca il porporato. Frings teme un rimprovero da parte del Pontefice, o che addirittura voglia revocargli il cardinalato. In realtà il Papa ha apprezzato molto l'intervento e si complimenta perché in esso Frings è riuscito a dar voce alle sue intenzioni. E quando il cardinale fa presente che non è lui l'autore, Giovanni XXIII sottolinea l'importanza di trovare dei collaboratori competenti e fidati. Da quel momento in poi, Frings farà esaminare a Ratzinger tutti i suoi testi di carattere teologico.

Il Concilio ha inizio

Ratzinger e il teologo gesuita tedesco Alois Grillmeier, in via Conciliazione durante il Concilio Vaticano II.

A Roma il cardinale arriva il 9 ottobre 1962 insieme a due consulenti: il suo segretario Luthe e il professor Ratzinger, che già alla fine di novembre riceve la nomina ufficiale di perito conciliare.

Il 10 ottobre, vigilia dell'inizio del Concilio, per Ratzinger è quasi un esordio. Frings ha convocato presso la biblioteca del Collegio di Santa Maria dell'Anima i vescovi di lingua tedesca, innanzi ai quali il giovane teologo espone la sua analisi critica degli schemi preparatori del *De fontibus Revelationis*. Scrittura e Tradizione, sostiene Ratzinger, non sono le fonti della Rivelazione, che essendo il parlare e l'agire di Dio, precede tutte le formulazioni storiche della sua Parola, senza esaurirsi in esse. Il suo appello è chiaro: non bisogna entrare in dispute accademiche, ma offrire «la risposta della fede nell'ora dell'incredulità»[8].

[8] *Ibidem*, p. 167.

Nella pagina a fianco, la cerimonia di apertura del Concilio ecumenico Vaticano II, 11 ottobre 1962.

L'11 ottobre, apertura del Vaticano II, fu per Ratzinger una «giornata splendida», un «momento di straordinaria aspettativa»[9], anche se avverte disagio per l'eccessiva durata della celebrazione e la ridondanza della liturgia[10]. Obiettivo dell'assise conciliare era rinvigorire la fede cristiana, che dopo aver plasmato il mondo occidentale appariva stanca e sempre più priva di incisività, ripresentandola in una maniera capace di rispondere alle circostanze storiche in cui la Chiesa si trova a vivere in un mondo in via di trasformazione. Aveva inizio un Concilio pastorale, che non doveva definire nuove dottrine né formulare condanne, radicato nella Tradizione della Chiesa ma anche aperto al futuro, sensibile ai segni dei tempi per spiegarli alla luce del Vangelo, senza invece adeguarsi o cedere allo spirito del tempo moderno. Secondo Ratzinger «la fede doveva tornare a parlare a questo tempo in modo nuovo», ascoltare il mondo e i suoi bisogni, mentre «non si doveva più condannare, ma "usare la medicina della misericordia"»[11].

Gli episcopati si presentavano al grande avvenimento con idee diverse: alcuni con un atteggiamento d'attesa, altri – in particolare i vescovi di Belgio, Francia e Germania – avevano propositi più decisi. C'erano però alcune priorità comuni: l'ecclesiologia, il rinnovamento liturgico, l'ecumenismo, il rapporto tra la Chiesa e il mondo moderno.

Ratzinger è impressionato dal clima conciliare: gli oltre duemila vescovi presenti, a testimoniare l'universalità e la pluralità del cattolicesimo, l'atmosfera romana nella quale si può immergere risiedendo vicino Piazza Navona, nel cuore di Roma, l'incontro con grandissime personalità conosciute solamente attraverso lo studio, quali Henri de Lubac, Jean Daniélou, Yves Congar, Gérard Philips, Marie-Dominique Chenu.

[9] *Ibidem*, p. 5.

[10] «Un sintomo della riuscita del Concilio – annota Ratzinger – sarebbe stato vedere in che misura la liturgia di chiusura si sarebbe differenziata da quella del giorno dell'apertura», *L'insegnamento del Concilio Vaticano II*, p. 295.

[11] Joseph Ratzinger, *La mia vita. Autobiografia*, p. 88.

Ratzinger a colloquio con il teologo domenicano Yves Congar, durante il Concilio.

I Padri conciliari, spiegherà 50 anni dopo Benedetto XVI, «non potevano e non volevano creare una fede diversa o una Chiesa nuova, bensì comprenderle ambedue in modo più profondo e quindi "rinnovarle" davvero». Secondo Ratzinger un'ermeneutica della discontinuità e della rottura con la Tradizione risulta pertanto «assurda e contraria allo spirito e alla volontà dei Padri»[12]. E ciò sia dal versante progressista, che colloca la rottura dopo il Concilio per approdare a un'altra Chiesa, sia da parte tradizionalista, che la individua nel Concilio stesso, imputandogli l'odierna decadenza ecclesiale. L'unica chiave esplicativa che Ratzinger ritiene corretta è da lui definita «ermeneutica della riforma nella continuità», spiegata nel famoso discorso alla Curia romana del 22 dicembre 2005, a pochi mesi dalla sua elezione a Papa, come il «rinnovamento nella continuità dell'unico soggetto-Chiesa»: «un soggetto che cresce nel tempo e si sviluppa, rimanendo però sempre lo stesso, unico soggetto del Popolo di Dio in cammino»[13].

Ratzinger, da parte sua, si situa nelle file dei "progressisti": «All'epoca essere progressisti non significava ancora rompere con la fede, ma imparare a comprenderla meglio e viverla in modo più giusto, muovendo dalle origini»[14]. Al rientro da ciascuna delle quattro sessioni nelle quali si è articolato il Concilio, offre dei resoconti approfonditi sulle esperienze vissute a Roma. Se dopo il primo periodo si sentiva

[12] Benedetto XVI, Prefazione al volume VII/1 dell'Opera omnia, *L'insegnamento del Concilio Vaticano II*, p. 9.

[13] Benedetto XVI, Discorso alla Curia romana in occasione della presentazione degli auguri natalizi, 22 dicembre 2005.

[14] Benedetto XVI, *Ultime conversazioni*, a cura di Peter Seewald, Garzanti, Milano 2016, p. 126.

«sostenuto dal sentimento di gioioso rinnovamento che regnava dovunque», a fine Concilio prova «una profonda inquietudine di fronte al cambiamento che si era prodotto all'interno del clima ecclesiale e che era ormai sempre più evidente»[15], avvertendo quasi la delusione che segue ai momenti di festa. Ma ripercorriamo brevemente quella stagione.

Le discussioni in Aula

Il primo tema affrontato in Aula nel 1962 fu la liturgia. Ratzinger saluta gioiosamente questa decisione, che riconosce la centralità del mistero eucaristico nella Chiesa, riaffermando «il primato permanente dell'adorazione rispetto a qualsiasi opera propria dell'uomo»[16].

Più problematico si rivela invece il discorso riguardo allo schema sulla Rivelazione, fortemente segnato da uno spirito antimodernistico, che porta alla bocciatura del testo e alla richiesta di una sua rielaborazione da parte del Papa, che così «si era opposto alla tendenza dominante in Curia mettendosi dalla parte del Concilio»[17].

Segue la discussione su altri temi, ma col passare delle settimane si avverte una crescente stanchezza. «Il lavoro preparatorio – evidenzia Ratzinger – si era svolto in uno spirito difensivo, antimoderno», ma il Concilio aveva fatto sentire la sua autorità. Occorreva pertanto una nuova fase preparatoria per un nuovo inizio. A essere valorizzata era «la voce dell'episcopato, anzi la voce della Chiesa di tutto il mondo», rispetto a quanto predisposto dalle Congregazioni della Curia romana. I vescovi non intendevano limitarsi a una ratifica notarile di testi già pronti: «Quel che dicevano e facevano era molto più che

[15] Joseph Ratzinger, *La mia vita. Autobiografia*, p. 101.

[16] Joseph Ratzinger - Benedetto XVI, *L'insegnamento del Concilio Vaticano II*, p. 304.

[17] *Ibidem*, p. 317.

l'espressione di una data scuola teologica. Proveniva piuttosto da una seconda scuola che avevano frequentato: la scuola del loro ufficio, la scuola della comunione con i loro fedeli e con il mondo nel quale vivono»[18].

Nel primo periodo conciliare non viene licenziato alcun testo, ma questo secondo Ratzinger ha un «autentico significato epocale»[19]. Nonostante le grandi speranze, tuttavia, una certezza lo accompagna fin dall'alba del Vaticano II: «Il Concilio non può affatto, e nemmeno deve, abolire l'aspetto umano della Chiesa: anche dopo il Concilio la Chiesa rimarrà bisognosa di rinnovamento»[20].

Dopo la morte di Giovanni XXIII, avvenuta il 3 giugno 1963, i lavori riprendono nel mese di settembre sotto la guida di Paolo VI, che già dal suo primo discorso al Concilio richiama la centralità di Cristo «come principio e sorgente da cui provengono la Redenzione umana e la Chiesa»[21].

Si inizia con l'esame dello schema sulla Chiesa, che non è una realtà chiusa, fuori del tempo e dello spazio, ma in cammino verso il futuro. È anche imperfetta, bisognosa di continuo rinnovamento, e al contempo è sacramento, cioè «segno di Dio tra gli uomini»: non esiste per se stessa, ma «è come una finestra, che assolve il suo compito soprattutto quando permette allo sguardo di attraversarla per percepire qualcosa di più grande»[22].

Ratzinger viene assegnato a una Sottocommissione che si dovrà occupare di rivedere alcuni passaggi del documento riguardante la collegialità episcopale. Il teologo ritiene che si faccia parte del collegio dei vescovi in forza della consacrazione e della comunione con il Successore di Pietro. Le diverse sensibilità del Concilio sono

[18] *Ibidem*, p. 319.
[19] *Ibidem*, p. 322.
[20] *Ibidem*.
[21] Paolo VI, Discorso all'inizio della seconda sessione del Concilio ecumenico Vaticano II, 29 settembre 1963.
[22] Joseph Ratzinger - Benedetto XVI, *L'insegnamento del Concilio Vaticano II*, p. 386.

però divise riguardo alla definizione del rapporto tra primato petrino e collegialità episcopale: il rischio intravisto da alcuni è che la valorizzazione di quest'ultima implichi una diminuzione della potestà pontificia e la messa in dubbio delle prerogative papali.

Vengono dibattuti numerosi altri temi e approvati i primi documenti. Ratzinger è colpito dalla nuova formula che il Pontefice adopera in essi: «Paolo Vescovo, servo dei servi di Dio, unitamente ai Padri del Sacro Concilio», ma il secondo periodo si chiude per lui in maniera meno esaltante. È infatti cosciente che nessun Concilio da solo potrà operare il rinnovamento della cristianità: «Esso è una spinta che va oltre sé fin dentro la realtà del servizio cristiano di ogni giorno, e che non ha il suo termine se non nella fede, nella speranza e nell'amore quotidiani di ciascuno di noi»[23].

Joseph Ratzinger al fianco di Karl Rahner, teologo gesuita suo connazionale.

Nella sua autobiografia Ratzinger racconta che ogni volta che da Roma fa ritorno in terra tedesca trova «nella Chiesa e tra i teologi uno stato d'animo sempre più agitato», mentre cresceva «l'impressione che nella Chiesa non ci fosse nulla di stabile, che tutto può essere oggetto di revisione». Il Concilio pareva assomigliare «a un grosso parlamento ecclesiale» e montava frattanto il «risentimento nei confronti di Roma e della Curia, che apparivano come il vero nemico di ogni novità e progresso». Le discussioni conciliari «venivano sempre più presentate secondo lo schema partitico tipico del parlamentarismo moderno» e chi riceveva in questo modo le informazioni si sentiva a sua volta indotto a prendere posizione per un partito o per l'altro[24].

[23] *Ibidem*, p. 422.
[24] Joseph Ratzinger, *La mia vita. Autobiografia*, pp. 99-100.

Nella pagina a fianco: un ritratto di Joseph Ratzinger, perito al Vaticano II, nell'autunno del 1964.

I lavori procedono a ritmo vorticoso e al temine della terza sessione, in un clima di inquietudine, Ratzinger si domanda: «A che punto è realmente il Concilio?». Le tensioni tra i diversi schieramenti si sono infatti acuite e alcuni interventi disposti dal Pontefice su probabile pressione della minoranza conciliare, che teme cambiamenti nella dottrina cattolica, sono recepiti da molti come un tentativo di limitare le prerogative del Concilio. Il periodo dal 14 al 21 novembre 1964 viene definito la «settimana nera», ma il giudizio di Ratzinger è più pacato. Pur augurandosi che tali evenienze non si ripetano, ricorda che anche il Papa è un padre conciliare e ha il diritto di collaborare alla stesura dei documenti. Inoltre, le modifiche da lui volute, oltre a non sancire mutamenti sostanziali dei testi, «sembrano provenire tutte dall'idea che al vescovo di Roma spetti il compito di essere colui che concilia i contendenti»[25]. I fatti, conclude il teologo, hanno dimostrato che è necessaria la pazienza, ma non hanno distrutto la speranza.

Nell'intervallo che precede l'ultima sessione, Ratzinger è al lavoro nella Commissione che deve riscrivere il testo sulle missioni. La sua formulazione ricollega il compito del Figlio mandato da Dio per la salvezza del mondo all'attività missionaria della Chiesa, che opera per attirare a sé e al Padre gli uomini. A ciò concorre lo Spirito Santo, che favorisce l'annuncio evangelico e la crescita ecclesiale.

Il 7 marzo 1965 Paolo VI celebra per la prima volta la Messa in italiano nella parrocchia romana di Ognissanti. È uno dei primi risultati visibili del Vaticano II: la Messa nelle lingue nazionali con il celebrante rivolto verso l'assemblea. Ratzinger, pur favorevole alla riforma, mette subito in guardia dal rischio di nuovi ritualismi frutto di inventiva.

[25] Joseph Ratzinger - Benedetto XVI, *L'insegnamento del Concilio Vaticano II*, p. 461.

LA CHIUSURA DEL CONCILIO

L'ultima sessione conciliare dovrà affrontare alcuni dei temi più difficili, ma il discorso d'apertura di Paolo VI del 14 settembre 1965 valse da incoraggiamento. «La Chiesa, in questo mondo, non è fine a se stessa; essa è al servizio di tutti gli uomini; essa deve rendere Cristo presente a tutti, individui e popoli», affermava il Pontefice, osservando soprattutto la legge della carità. Se in futuro uno storico domandasse: «Che cosa faceva in quel momento la Chiesa cattolica? Amava! sarà la risposta»[26]. È il primato dell'amore che consentirà di superare le difficoltà durante i lavori.

Il giorno seguente veniva inoltre annunciata l'istituzione del Sinodo dei Vescovi, che avrebbe dovuto far sentire la voce viva della Chiesa sparsa nel mondo nel centro della Chiesa e continuato l'opera del Concilio, cercando vie per renderne efficaci tutti gli impulsi.

La Dichiarazione sulla libertà religiosa asserisce energicamente che «la Chiesa cattolica continua a ritenersi il luogo concreto dell'unica vera religione e che la verità non è arbitraria»[27], fermo restando che il cristianesimo non si deve imporre ma vi si aderisce liberamente.

La sintesi della critica ratzingeriana alla bozza dello schema sulla Chiesa nel mondo contemporaneo, che presentava un orientamento generale sull'uomo di tipo etico-spirituale, tralasciando a suo parere il discorso su Cristo e la sua opera, era che: «O la fede in Cristo tocca radicalmente il centro dell'esistenza dell'uomo (...) oppure è un mondo a parte accanto a quello usuale»[28], una «ideologia» per gente che ha bisogno di un rifugio spirituale. Nel testo v'erano toni di entusiasmo per il progresso tecnico ma, osserva Ratzinger, «in verità, alla fine il mondo non viene redento da apparati, ma dall'amore»[29].

[26] Paolo VI, Discorso a inizio della quarta sessione del Concilio ecumenico Vaticano II, 14 settembre 1965.
[27] Joseph Ratzinger - Benedetto XVI, *L'insegnamento del Concilio Vaticano II*, p. 558.
[28] *Ibidem*, p. 567.
[29] *Ibidem*, p. 573.

Il teologo sarà membro di due sottocommissioni che lavorano alla Costituzione *Gaudium et Spes* e buona parte del suo contributo sarà recepita nel documento. Tra le voci paradigmatiche della nuova impostazione che gli verrà data, Ratzinger ne indica tre: il progresso scientifico, che permette di comprendere come il mondo sia strutturato logicamente, con l'invito a un uso appropriato della tecnica, che può condurre l'uomo all'autodistruzione o a una sua vera umanizzazione; il matrimonio, che viene valorizzato nella chiave personale e sociale sganciandolo dal fine esclusivamente generativo; la guerra, da condannare in ogni caso, così abolendo il concetto di «guerra giusta», pur essendo al contempo irrealistica l'idea del disarmo totale. Si fa piuttosto appello alla responsabilità dei governanti, perché attuino tutti quei passi che possano gradualmente condurre alla pace, come il rispetto del diritto internazionale, l'obiezione di coscienza, i trattati di disarmo, la formazione di un'autorità internazionale per la soluzione pacifica dei conflitti.

A chi imputa al testo un risultato misero, Ratzinger obietta che anche la situazione umana è «piena di ambiguità, di debolezze, di impossibilità», ma esso «cerca di fare solo ciò che è sempre possibile e quindi in fondo esige di più che se ricercasse ciò che è sicuramente impossibile»[30].

La nuova formulazione del documento sulle missioni trovò una calda accoglienza. In esso si prendeva atto che era venuta meno quella «santa inquietudine» che aveva spinto i missionari in ogni angolo del pianeta per portare l'annuncio di Cristo a milioni di uomini, mentre si era andata imponendo l'idea che Dio può salvare anche fuori della Chiesa. Un'altra «missione» è frattanto riuscita a mettere radici in tutto il mondo: il marxismo. L'unificazione dell'umanità non può però avvenire soltanto nell'economia e nella tecnica, ma deve anche divenire unità nello spirito.

[30] *Ibidem*, p. 585.

Joseph Ratzinger, in un ritratto del 1966.

In tre sessioni pubbliche vennero approvati numerosi documenti. Dopo l'ultima votazione, il 7 dicembre 1965, l'impressione di Ratzinger è che «un senso di gioiosa gratitudine riempì i vescovi radunati in Concilio per l'ultima volta in San Pietro»[31]. Grande emozione provocò inoltre l'accordo tra il Papa e il Patriarca di Costantinopoli Atenagora I per la revoca della vicendevole scomunica del 1054.

[31] *Ibidem*, p. 596.

Dopo il Vaticano II

Nelle sue riflessioni postconciliari, Ratzinger osserverà che «a Roma c'è stata soltanto la formulazione di un mandato di cui ora deve cominciare la realizzazione»[32]. Secondo lui è da respingere quella lettura del progresso del Concilio in contrasto con lo stato della Chiesa preconciliare. La Chiesa abbisognava di rinnovamento dall'interno, «ma non si può dimenticare che la Chiesa è sempre rimasta Chiesa e che in essa si è sempre potuta trovare e si è trovata la via del Vangelo»[33]. Il «tesoro più prezioso della Chiesa», affermerà, è la fede dei semplici di cuore: «prestare a essa servizio e viverla è il compito più alto del rinnovamento ecclesiale»[34].

Nel 1965, dopo una gestazione durata vari anni, viene pubblicato il primo numero di *Concilium*, rivista internazionale di teologia che mira a rilanciare tra il grande pubblico i fermenti del Vaticano II, ad opera dei teologi che hanno ispirato in esso le tendenze riformiste. Vi appare un saggio di Ratzinger: "Le implicazioni pastorali della dottrina della collegialità dei vescovi".

Nel 1972 avrà inizio un'altra avventura editoriale, quella della rivista *Communio*[35], progetto che ha il suo motore in Hans Urs von Balthasar e al quale da subito aderiscono Ratzinger, de Lubac e numerosi altri teologi che non si riconoscono più nelle posizioni di *Concilium*, la cui linea ultraprogressista è dettata principalmente da Hans Küng ed Edward Schillebeeckx. «Non sono cambiato io, sono cambiati loro», dichiarerà nel 1985 il cardinale Ratzinger a Vittorio Messori, così rispondendo a chi lo accusa di aver modificato la sua rotta. «Ho sempre

[32] *Ibidem*, p. 598.

[33] *Ibidem*, p. 600.

[34] *Ibidem*, p. 601.

[35] Tra le firme delle edizioni nelle varie lingue, ci saranno Jorge Arturo Medina Estévez, Walter Kasper, Kurt Koch, Karl Lehmann, André Léonard, Alfonso López Trujillo, Jean-Marie Lustiger, Marc Ouellet, Christoph Schönborn, Angelo Scola, tutti nomi che faranno parte della gerarchia cattolica dagli anni Ottanta in poi.

cercato – aggiungerà – di restare fedele al Vaticano II, questo *oggi* della Chiesa, senza nostalgie per uno *ieri* irrimediabilmente passato e senza impazienze per un *domani* che non è nostro»[36].

«Il Concilio – dirà il cardinale Müller – ha la calligrafia di Benedetto XVI»[37], che ha direttamente contribuito alla stesura della Costituzione pastorale *Gaudium et Spes*, delle Costituzioni dogmatiche *Lumen Gentium* e *Dei Verbum*, del Decreto *Ad Gentes*. Il Vaticano II rimane la «Magna Charta della Chiesa cattolica sul cammino del Terzo millennio», sosterrà il cardinale Koch[38], il filo conduttore del pontificato di Ratzinger, secondo il quale «ciò che ha devastato la Chiesa degli ultimi decenni non è il Concilio, ma il rifiuto del suo accoglimento»[39].

[36] Joseph Ratzinger, *Rapporto sulla fede. Vittorio Messori a colloquio con il cardinale Joseph Ratzinger*, Edizioni San Paolo, Cinisello Balsamo (MI) 2005 (prima edizione 1985), p. 15.

[37] Gerhard Ludwig Müller, "Un'immagine della Chiesa di Gesù Cristo che abbraccia tutto il mondo", riflessioni sul volume VII dell'Opera omnia di Joseph Ratzinger - Benedetto XVI, *L'insegnamento del Concilio Vaticano II*.

[38] Kurt Koch, "Il Concilio Vaticano II alla luce dell'ermeneutica della riforma di Papa Benedetto XVI", testo della lezione tenuta al Master "Joseph Ratzinger: studi e spiritualità" il 18 ottobre 2016, presso l'istituto Patristico Augustinianum di Roma.

[39] Joseph Ratzinger, *Elementi di teologia fondamentale*, Morcelliana, Brescia 2005.

CAPITOLO VII

ARCIVESCOVO E PREFETTO

IL RAPPORTO CON I PAPI

Joseph Ratzinger, neoarcivescovo di Monaco e Frisinga, 1977.

Quando il nunzio apostolico in Germania Guido Del Mestri gli fa visita a Ratisbona agli inizi del 1977, il professor Ratzinger non teme nulla di «pericoloso». Il nunzio gli lascia una lettera da leggere a casa, contenente la sua nomina ad arcivescovo di Monaco e Frisinga. Per Ratzinger si trattò di una decisione «immensamente difficile», ma gli veniva concesso di consultare il suo confessore. «Ne parlai con il professor Auer – rievoca –, che conosceva molto realisticamente i miei limiti – teologici e umani. Mi aspettavo che egli mi sconsigliasse. Ma, con mia grande sorpresa, mi disse, senza pensarci su molto: "Devi accettare"»[1].

Lo stemma del cardinale Ratzinger, con il motto *Cooperatores veritatis* (Collaboratori della verità), tratto dalla terza Lettera di san Giovanni.

La nomina è resa pubblica il 25 marzo 1977 e la consacrazione episcopale avviene il successivo 28 maggio, vigilia di Pentecoste. «Quel giorno fu straordinariamente bello – ricorda Ratzinger –. Era una raggiante giornata d'inizio estate (...). La cattedrale di Monaco, che dopo la ricostruzione seguita alla seconda Guerra mondiale dava un'impressione di sobrietà, era magnificamente adornata trasmettendo un'atmosfera di gioia, che coinvolgeva in maniera davvero irresistibile»[2].

Consacrante principale è il vescovo di Würzburg Josef Stangl, conconsacranti il vescovo di Ratisbona Rudolf Graber e l'ausiliare di Monaco Ernst Tewes. Il nuovo arcivescovo sperimenta «la realtà del sacramento», sia come il verificarsi di «qualcosa di reale», sia nell'incontro con molte persone che lo accolgono con gioia e cordialità nel cuore della capitale bavarese. Non era il consenso verso di sé, specifica Ratzinger, ma «la gioia di vedere nuovamente presente quel ministero, quel servizio, in una persona, che non agisce e vive per se stessa, ma per Lui e, dunque, per tutti»[3].

Come motto episcopale sceglie due parole dalla terza Lettera di san Giovanni, «Cooperatores veritatis», «Collaboratori della verità», a

[1] Joseph Ratzinger, *La mia vita. Autobiografia*, Edizioni San Paolo, Cinisello Balsamo (MI) 1997, p. 119.

[2] *Ibidem*.

[3] *Ibidem*, p. 120.

Il cardinale Alfred Bengsch, arcivescovo di Berlino, impone le mani sul capo di Joseph Ratzinger, durante la cerimonia di ordinazione episcopale nella cattedrale di Monaco, il 28 maggio 1977.

segnalare la continuità tra l'insegnamento universitario e il ministero episcopale: «Pur con tutte le differenze si trattava e si tratta sempre della stessa cosa, seguire la verità, porsi al suo servizio»[4]. Nello stemma, accanto al moro incoronato, che da un millennio campeggia nell'emblema dei vescovi di Frisinga e per Ratzinger «è l'espressione dell'universalità della Chiesa, che non conosce nessuna distinzione di razza e di classe»[5], figurano altri due simboli. Il primo è la conchiglia, segno dell'essere pellegrini, ma anche richiamo a una leggenda su sant'Agostino, il quale aveva incontrato un bambino che con una conchiglia cercava di mettere tutta l'acqua del mare in una buca di sabbia. Ciò indica il vano sforzo di far entrare l'infinità di Dio nella limitatezza della mente umana. L'altro è l'orso, che secondo la leggenda aveva sbranato il cavallo di Corbiniano, santo fondatore della diocesi di Frisinga, mentre si stava recando a Roma. Corbiniano rimproverò l'animale, caricandogli sulle spalle il suo fardello e obbligandolo a trasportarlo fino a Roma, dove poi lo lasciò libero. Con le parole di Agostino, Ratzinger descrive anche il suo destino personale: «Sono divenuto per te come una bestia da soma e proprio così io sono in tutto e per sempre vicino a te»[6].

Paolo VI impone la berretta cardinalizia a Joseph Ratzinger, arcivescovo di Monaco e Frisinga, il 27 giugno 1977 in Vaticano.

Ha cinquant'anni. Pochi giorni dopo Paolo VI annuncia la volontà di crearlo cardinale e il 27 giugno gli impone la berretta rossa in un mini-concistoro nel quale è elevato al rango cardinalizio insieme a

[4] *Ibidem.*
[5] *Ibidem*, p. 121.
[6] *Ibidem*, p. 123.

1 luglio 1977, Joseph Ratzinger saluta i fedeli dal balcone dell'arcivescovado di Monaco, appena tornato in Germania dopo il concistoro nel quale è stato creato cardinale da Paolo VI.

Giovanni Benelli, Bernardin Gantin, Mario Luigi Ciappi e František Tomášek[7]. Gli viene assegnato il titolo di Santa Maria Consolatrice al Tiburtino. Una folla di persone provenienti da Monaco e dalla Baviera accorre a Roma per l'occasione e gremisce la Sala Nervi.

1978, L'ANNO DEI TRE PAPI

Il 6 agosto 1978 Paolo VI muore a Castel Gandolfo. Ratzinger partecipa al suo primo Conclave, nel quale viene eletto Papa il patriarca di Venezia Albino Luciani, che assume il nome di Giovanni Paolo I. I due cardinali avevano fatto conoscenza durante le vacanze estive del 1977 presso il seminario diocesano di Bressanone, dove Luciani era andato a far visita a Ratzinger che vi si trovava in villeggiatura. L'elezione lo rende felice: «Avere come pastore della Chiesa universale un uomo con quella bontà e con quella fede luminosa era la garanzia che le cose andavano bene»[8]. A settembre il nuovo Papa lo invia come delegato pontificio al Congresso mariano internazionale di Quito, in Ecuador. Ed è lì che Ratzinger apprende della sua improvvisa scomparsa.

[7] Già alcuni anni prima – racconta Ratzinger in un'intervista rilasciata a Gianni Cardinale, "Il Signore sceglie la nostra povertà", pubblicata sul mensile *30giorni*, n. 8, 2003 – Papa Montini lo aveva invitato a predicare gli esercizi spirituali in Vaticano, ma non sentendosi sicuro del suo italiano, aveva rifiutato.

[8] Joseph Ratzinger, intervista di Gianni Cardinale, "Il Signore sceglie la nostra povertà", *30giorni*, n. 8, 2003.

Nella foto a sinistra, il cardinale Ratzinger saluta Paolo VI, al termine della Messa in San Pietro, il 29 giugno 1977. Nell'altra immagine, Ratzinger presta obbedienza a Giovanni Paolo I, il 3 settembre 1978, giorno di inizio del suo pontificato.

I cardinali tornano in Conclave in ottobre. Con Karol Wojtyla si erano conosciuti a Roma nel mese di agosto. Ratzinger aveva sentito parlare della sua opera di filosofo e di pastore, mentre il cardinale polacco aveva letto *Introduzione al cristianesimo* e aveva citato il volume nel corso degli esercizi spirituali predicati alla Curia su invito di Paolo VI nella Quaresima del 1976. «Ho provato sin dall'inizio una grande venerazione e una cordiale simpatia per il metropolita di Cracovia – annoterà Benedetto XVI ricordando il suo predecessore Giovanni Paolo II –. Nel pre-Conclave del 1978 egli analizzò per noi in modo stupefacente la natura del marxismo. Ma soprattutto percepii subito con forza il fascino umano che egli emanava e, da come pregava, avvertii quanto fosse profondamente unito a Dio»[9].

Fin dalla sua elezione, Giovanni Paolo II lo vuole a Roma. C'è infatti da sostituire il cardinale Gabriel-Marie Garrone, quale prefetto della Congregazione per l'Educazione cattolica. Ratzinger garbatamente rifiuta: «Non è possibile. Sono appena arrivato a Monaco, ho fatto una promessa, non posso andarmene così, adesso»[10]. Nel 1980 viene nominato relatore generale del Sinodo sulla famiglia e a novembre accoglie il Papa nella sua visita in Baviera. Alla seconda chiamata non può dire di

[9] Wlodzimierz Redzioch, *Accanto a Giovanni Paolo II. Gli amici e i collaboratori raccontano*, Edizioni Ares, Milano 2014, p. 14.

[10] Benedetto XVI, *Ultime conversazioni*, a cura di Peter Seewald, Garzanti, Milano 2016, p. 156.

no, ma pone una condizione: accetterà l'incarico solamente se gli sarà ancora permesso di pubblicare dei libri. Questo è possibile e così il 25 novembre 1981 Giovanni Paolo II lo nomina prefetto della Congregazione per la Dottrina della Fede, presidente della Pontificia Commissione Biblica e della Commissione Teologica Internazionale. È la designazione curiale decisiva del pontificato wojtyliano, oltre che l'avvio del più longevo servizio di un capodicastero vaticano, più di 23 anni.

Il trasferimento a Roma

Il congedo da Monaco prima di partire per Roma, il 28 febbraio 1982.

A Roma il cardinale Ratzinger arriva nel marzo del 1982. Durante i primi mesi alloggia presso il Pontificio Collegio Teutonico in Vaticano. A quel luogo rimarrà legato per sempre: frequenta la biblioteca, vi celebra la Messa con i pellegrini di lingua tedesca ed è tuttora membro dell'Istituto Romano della Società di Görres[11] e dell'Arciconfraternita Santa Maria della Pietà, che lì hanno sede[12]. Andrà poi a risiedere in un appartamento in piazza della Città Leonina, insieme alla sorella Maria, che morirà nel 1991.

«Sapevo fin dall'inizio che con l'incarico affidatomi a Roma avrei dovuto assumermi l'onere di molti compiti sgradevoli – confida a Peter Seewald –. Ma credo di poter dire che ho sempre cercato il dialogo e che ciò è sempre stato molto fruttuoso»[13]. «Mai avrei accettato questo servizio alla Chiesa – rivela tuttavia a Vittorio Messori – se il mio compito fosse stato innanzitutto quello del controllo». Certo,

[11] Fondata nel 1888, è un'associazione cattolica per la promozione degli studi.

[12] Oggi il Teutonico ospita la "Biblioteca Romana Joseph Ratzinger - Benedetto XVI", inaugurata nel novembre del 2015, interamente dedicata alla vita e al pensiero di Ratzinger come teologo e come Papa, che mette a disposizione degli studiosi oltre mille titoli in più di 40 lingue, buona parte dei quali donati dallo stesso Papa emerito.

[13] Joseph Ratzinger, *Il sale della terra. Cristianesimo e Chiesa cattolica nella svolta del Millennio. Un colloquio con Peter Seewald*, Edizioni San Paolo, Cinisello Balsamo (MI) 1997, p. 95.

bisogna «correggere gli errori e ricondurre sulla retta via gli erranti», ma Paolo VI ha dato alla Congregazione l'obiettivo prioritario di «promuovere la sana dottrina per dare nuove energie agli annunciatori del Vangelo»[14].

L'ATTIVITÀ DEL PREFETTO

Nel libro-intervista *Il sale della terra*, Ratzinger illustra il suo compito di prefetto come ricerca del «giusto equilibrio» tra i diritti individuali e il bene della comunità. «Il bene, in forza del quale la Chiesa sussiste ed è tenuta insieme, è la fede», spiega[15]. Il suo principale proposito è di proteggere la fede dei semplici, di coloro che non hanno difese intellettuali e in essa trovano sostegno.

Il cardinale insiste sul fatto che quanti esercitano il ministero ecclesiale non devono proporre «le opinioni private o semplicemente collettive che sono in voga oggi», ma sentirsi «legati alla fede della Chiesa», cercando di «trasmetterla correttamente»[16]. La Chiesa «non può mai semplicemente allinearsi con l'opinione dominante»: suo dovere è di «denunciare i vizi e i pericoli di un'epoca» e «appellarsi alla coscienza dei potenti, ma anche degli intellettuali, anche a quelli che, grettamente e comodamente, vogliono vivere restando indifferenti ai bisogni del loro tempo»[17]. All'uomo non spetta elaborare cosa sia la Chiesa, ma comprendere la volontà di Dio e mettersi al suo servizio. Così è avvenuto nella vita di Ratzinger: «Gran parte di ciò che mi sarebbe interessato ho dovuto lasciarlo da parte – confessa –, imme-

[14] Joseph Ratzinger, *Rapporto sulla fede. Vittorio Messori a colloquio con il cardinale Joseph Ratzinger*, Edizioni San Paolo, Cinisello Balsamo (MI) 2005 (prima edizione 1985), pp. 17-18. Parlando di Paolo VI, Ratzinger si riferisce al Motu proprio *Integrae servandae*, del 1965.

[15] Joseph Ratzinger, *Il sale della terra*, p. 102.

[16] *Ibidem*, p. 113.

[17] *Ibidem*, p. 94.

desimandomi fino in fondo con il servizio che mi era chiesto»[18].

Il ritratto del cardinale Ratzinger, realizzato dalla pittrice Dina Bellotti, nella Galleria dei Prefetti della Congregazione per la Dottrina della Fede.

Il prefetto si dice al contempo spaventato da un pastore d'anime che si preoccupasse soltanto di «non avere grane e mascherare il più possibile tutte le situazioni di conflitto»[19]. Non sarà così nel corso del suo mandato, che si misurerà spesso e coraggiosamente con temi problematici.

Uno dei primi argomenti affrontati fu la Teologia della liberazione, nata in America Latina nel post Concilio come risposta alle profonde e intollerabili ingiustizie sociali sofferte da molte popolazioni. Con l'Istruzione *Libertatis nuntius*[20], firmata dal cardinale nel 1984, la Congregazione ribadisce l'opzione preferenziale della Chiesa per i poveri, ma ha di mira le deviazioni ideologiche di quei teologi che, amalgamando il "povero" delle Scritture con il "proletario" di Marx, applicano il modello marxista della società e sostengono la lotta di classe. La fede non può infatti divenire strumento per la rivoluzione sociale. Seguirà, nel 1986, l'Istruzione *Libertatis conscientia*[21], sulla libertà cristiana e la liberazione, nella quale tra l'altro si osserva che i cambiamenti economici e sociali veramente al servizio dell'uomo dipendono dalle capacità spirituali e morali della persona e non da una visione materialistica della realtà. Il richiamo alla costante «conversione del cuore», comunque, non elimina la necessità di adoperarsi contro l'oppressione e le ingiustizie[22].

[18] *Ibidem*, p. 135.

[19] *Ibidem*, p. 95.

[20] Congregazione per la Dottrina della Fede, Istruzione su alcuni aspetti della "Teologia della liberazione" *Libertatis nuntius*, 6 agosto 1984.

[21] Congregazione per la Dottrina della Fede, Istruzione sulla libertà cristiana e la liberazione *Libertatis conscientia*, 22 marzo 1986.

[22] Cfr. Istruzione *Libertatis conscientia*, n. 112.

Il cardinale Ratzinger assiste alla firma della Costituzione apostolica che promulga il nuovo Codice di Diritto Canonico, da parte di Giovanni Paolo II, il 25 gennaio 1983.

Fonte primaria delle informazioni che pervengono alla Congregazione sono le Conferenze episcopali dei vari Paesi e gli incontri con i vescovi in visita a Roma. Su quei dati si riflette per rielaborarli e dare risposte. «Ho scelto di non scrivere personalmente i documenti del Sant'Uffizio perché non si pensasse che volessi diffondere e imporre la mia teologia personale – precisa Ratzinger –. Dovevano essere frutto del lavoro dei relativi organi competenti. Naturalmente collaboravo anch'io, apportavo modifiche criticamente. Ma di persona non ho scritto nessun documento»[23].

Ratzinger e il Papa

Il legame con Giovanni Paolo II è caratterizzato «da amicizia e affetto»[24]. Ogni settimana il cardinale ha udienza con lui, solitamente il venerdì pomeriggio. Ma capita che sia invitato dal Pontefice ad altre riunioni o a pranzo, momenti per dei colloqui nei quali è possibile scambiare opinioni con un gruppo più ampio di persone, ma anche «occasione per stare in lieta compagnia»[25].

«Che Giovanni Paolo II fosse un santo, negli anni della collaborazione con lui mi è divenuto di volta in volta sempre più chiaro – noterà Benedetto XVI soffermandosi sulla figura del Papa polacco –. C'è innanzitutto da tenere presente naturalmente il suo intenso rapporto con Dio, il suo essere immerso nella comunione con il Signore. Da qui veniva la sua letizia, in mezzo alle grandi fatiche che doveva sostenere, e il coraggio con il quale assolse il suo compito in un tempo veramente difficile». «Solo a partire dal suo rapporto con Dio è possibile capire anche il suo indefesso impegno pastorale – prosegue –. Si è dato con

[23] Benedetto XVI, *Ultime conversazioni*, a cura di Peter Seewald, p. 163.

[24] Wlodzimierz Redzioch, *Accanto a Giovanni Paolo II*, p. 15.

[25] *Ibidem*, p. 17.

Il cardinale Ratzinger, sorridente accanto a Giovanni Paolo II, al rientro in aereo dal viaggio apostolico in Germania, nel giugno 1996.

una radicalità che non può essere spiegata altrimenti. Il suo impegno fu instancabile». «Non potevo e non dovevo provare a imitarlo – ripensa Ratzinger –, ma ho cercato di portare avanti la sua eredità e il suo compito meglio che ho potuto».

Vero monumento del pontificato di Giovanni Paolo II è il Catechismo della Chiesa cattolica, presentato nel 1992. La richiesta di un Catechismo era emersa durante il Sinodo straordinario del 1985 e l'anno seguente il Papa aveva istituito una commissione presieduta da Ratzinger per la sua stesura. Il testo è una esposizione organica di tutta la fede cattolica: il Credo, i sacramenti, i comandamenti, la preghiera. Frutto del contributo dell'intero episcopato, ha nel cardinale un solerte "regista" e si propone come punto di riferimento per i fedeli in tutto il mondo.

Nell'elenco dei pronunciamenti e dei documenti varati sotto la sua prefettura, ci sono molti temi di attualità sociale ed ecclesiale: l'inconciliabilità tra fede cristiana e massoneria, la cura pastorale degli omosessuali, il rispetto della vita umana nascente e la dignità della procreazione, la preghiera, la vocazione ecclesiale del teologo, la comunione ai divorziati risposati, l'ordinazione sacerdotale delle donne, l'impegno dei cattolici nella vita politica, il riconoscimento delle unioni tra persone dello stesso sesso.

Nelle pagine precedenti, il cardinale Ratzinger e Giovanni Paolo II si scambiano il segno della pace, durante una celebrazione giubilare in San Pietro.

Il 13 maggio del 2000, nel corso del pellegrinaggio di Giovanni Paolo II a Fatima, luogo molto caro alla devozione popolare, viene annunciato che il Papa ha autorizzato la Congregazione a rendere pubblica la terza parte del Segreto, che da decenni suscita curiosità e ipotesi. Ratzinger offre un commento teologico parecchio articolato: insieme a un rinnovato appello alla penitenza, il testo presenta una visione profetica che riguarda soprattutto la lotta dei sistemi atei contro la Chiesa e i cristiani. Vi appare anche un «Vescovo vestito di bianco», il Papa, che viene ucciso da un gruppo di soldati insieme a religiosi e numerosi laici.

Casi delicati

Tra i teologi incorsi sotto la lente dell'ex Sant'Uffizio, in quanto i loro scritti divergevano dai contenuti essenziali della fede cristiana, figurano tra gli altri Leonardo Boff, Charles Curran, Anthony de Mello. Ratzinger riceve accuse di eccessivo rigore, ma puntualizza: «Chi si trova davvero ad aver a che fare con noi, può constatare che non siamo affatto disumani, ma che cerchiamo sempre di arrivare a una soluzione ragionevole (...) senza interventi punitivi, sulla via del dialogo, in modo che l'autore possa spiegarsi meglio di quanto abbia fatto in precedenza»[26].

Complessa è la gestione delle trattative con l'arcivescovo tradizionalista Marcel Lefebvre, affidata a Ratzinger nel 1987. Contrario a molte riforme conciliari, sospeso *a divinis*, Lefebvre aveva anche fondato un seminario a Ecône, in Svizzera. Il cardinale intesse pazientemente il dialogo per ristabilire la piena comunione con Roma, ma proprio quando l'accordo dottrinale sembra concluso, con la promessa di fedeltà alla Chiesa e al Papa, Lefebvre annuncia la sua intenzione di consacrare quattro nuovi vescovi senza il mandato pontificio. La cerimonia si svolge il 30 giugno 1988. È l'inizio di uno scisma, immediata scatta la scomunica.

[26] Joseph Ratzinger, *Il sale della terra*, pp. 102-103.

Nel 2000 appare un documento della Congregazione molto contestato: la Dichiarazione *Dominus Iesus*[27]. Innanzi al diffondersi del relativismo, che postula l'inesistenza di una verità oggettiva e universale, e dell'idea che tutte le religioni siano vie ugualmente valide per la salvezza, la Congregazione ribadisce, con il più completo assenso del Pontefice, che «esiste un'unica Chiesa di Cristo, che sussiste nella Chiesa cattolica»[28]. Le altre religioni e culture possono offrire «semi di verità e di bontà», ma «la pienezza, universalità e compimento della rivelazione di Dio sono presenti soltanto nella fede cristiana». Da ciò deriva «la pretesa di unicità e universalità salvifica del cristianesimo»[29].

Nell'aprile del 2001 Giovanni Paolo II dà pieno mandato alla Congregazione riguardo ai "Delicta graviora", cioè i delitti contro la fede e quelli più gravi commessi sia nella celebrazione dei sacramenti dell'eucarestia e della confessione, sia contro la morale, in particolare gli abusi sessuali su minori da parte di membri del clero[30]. «Le nefandezze umane non sono mai mancate nella Chiesa cattolica – aveva dichiarato Ratzinger pochi mesi prima –. Se continua a reggere, nonostante i mille scricchiolii, se continua a esistere, se continua a produrre grandi figure di martiri e di credenti, persone che mettono a disposizione la loro vita come missionari, come infermiere, come educatrici, questo mostra davvero che c'è qualcun altro che la tiene in piedi»[31].

[27] Congregazione per la Dottrina della Fede, Dichiarazione sull'unicità e l'universalità salvifica di Gesù Cristo e della Chiesa *Dominus Iesus*, 6 agosto 2000.

[28] Dichiarazione *Dominus Iesus*, n. 17.

[29] Joseph Ratzinger, Intervento in occasione della presentazione della Dichiarazione *Dominus Iesus*, Sala Stampa della Santa Sede, 5 settembre 2000.

[30] Giovanni Paolo II, Motu proprio *Sacramentorum sanctitatis tutela*, 30 aprile 2001.

[31] Joseph Ratzinger, *Dio e il mondo. Essere cristiani nel nuovo millennio. In colloquio con Peter Seewald*, Edizioni San Paolo, Cinisello Balsamo (MI) 2001, p. 56.

LA PREGHIERA E IL LAVORO

Il cardinale Ratzinger nell'archivio della Congregazione, ritratto da Gianni Giansanti, il 21 ottobre 1993.

Il cardinale trova sostegno costante nella preghiera, che recita fin dal risveglio, già prima di alzarsi dal letto la mattina. «Il giorno assume tutt'altro aspetto se non ci si immerge direttamente nel flusso delle cose», riflette. Dopo la colazione, vengono la Messa e il breviario. «Per me questi rappresentano gli atti fondamentali della giornata – spiega Ratzinger –. La Messa è l'incontro reale con la presenza del Cristo Risorto, mentre recitare il breviario significa penetrare nella grande preghiera dell'intera storia della salvezza, di cui i Salmi rappresentano il cuore. (...) Tutto questo ci apre la porta oltre la quale ci si immette nel pieno della giornata. A quel punto inizia il lavoro normale»[32].

[32] *Ibidem*, pp. 14-15.

Joseph Ratzinger, sotto il colonnato di piazza San Pietro, si avvia verso il suo ufficio, 29 ottobre 1993.

La preghiera scandisce le ore del prefetto: a mezzogiorno con l'Angelus, al pomeriggio con i Vespri e la sera con la compieta, ma Ratzinger inframmezza il lavoro anche con altre brevi orazioni. Durante qualche pausa, o quando non riesce a prendere sonno, recita alcuni misteri del rosario, quasi un «rifugio interiore», appreso fin da bambino dai propri genitori: «È una preghiera che, al di là del suo significato spirituale, possiede una forza rasserenante dal punto di vista psicologico. Se ci si concentra sulle parole della preghiera, ci si libera gradualmente dai pensieri tormentosi»[33], sostiene.

A un ex allievo che gli domanda come riesca a fronteggiare la sua ingente mole di lavoro, Ratzinger risponde con tre consigli pratici: non fare due cose allo stesso tempo, ma una dopo l'altra; non andare a dormire troppo tardi la sera; avere dei buoni amici[34]. Anche la musica è un piacevole diversivo: è un bravo pianista, le sue esecuzioni gli varranno la suggestiva definizione di «Mozart della teologia»[35].

[33] *Ibidem*, p. 16.

[34] Testimonianza di padre Stephan Otto Horn, rilasciata agli autori il 28 novembre 2016.

[35] L'espressione è attribuita al cardinale Joachim Meisner, arcivescovo emerito di Colonia.

Ad animare il cardinale è stato sempre l'intento di non porre il consenso al di sopra della verità. Don Hermann Geissler – dal 1993 alla Congregazione per la Dottrina della Fede e capoufficio della sezione dottrinale dal 2009 – traccia la sintesi della prefettura Ratzinger[36]. «Il cardinale – afferma il religioso – si sentiva responsabile non davanti alle persone, ma davanti a Dio. "Se non mi criticano per due mesi, forse devo fare un esame di coscienza", diceva talvolta, e questo gli dava un grande coraggio e una grande libertà, anche dinanzi alle critiche». Quali i pregi della sua prefettura? «Ha svolto un lavoro di altissima qualità teologica, ha introdotto il lavoro collegiale fornendo un esempio a tutta la Curia, ha offerto soluzioni per la Chiesa intera, che sono risposte valide ancora oggi, ha sensibilizzato gli episcopati in vista di una sana decentralizzazione», elenca Geissler.

Il cardinale Ratzinger a Capri nel settembre del 1992, vincitore del Premio Capri San Michele con il volume *Svolta per l'Europa?* (Edizioni San Paolo). Una lapide in piazza Boffe ricorda oggi un episodio "profetico" accaduto quella mattina: una bambina, vedendo il cardinale, domandò al cugino chi fosse. Lui rispose dicendo: «È il Papa, è il Papa!».

«La fede non cerca il conflitto, cerca uno spazio di libertà e di tolleranza reciproca – dichiara Ratzinger nel libro-intervista *Dio e il mondo*, sui rapporti della Chiesa *ad extra* –. Ma non può nemmeno accettare formulazioni che si propongano di standardizzarla e di renderla compatibile con la modernità. La fede ha un obbligo di fedeltà assoluta nei confronti del Signore e deve essere pronta a fare i conti anche con situazioni conflittuali di tipo nuovo»[37]. *Ad intra*, innanzi

[36] Hermann Geissler, incontro con gli studenti del Master "Joseph Ratzinger: studi e spiritualità", il 22 novembre 2016 presso la Congregazione per la Dottrina della Fede.

[37] Joseph Ratzinger, *Dio e il mondo*, pp. 415-416.

Il cardinale Ratzinger in visita a Paestum (Salerno) con il fratello Georg, il 10 giugno 1995.

alla vitalità spirituale del cattolicesimo e alla molteplicità dei carismi, la Chiesa «come un buon giardiniere, deve mettere ordine nel giardino che le è stato affidato, ma anche accettare come doni i nuovi germogli che spuntano»[38].

[38] *Ibidem*, p. 417.

La morte di Giovanni Paolo II e la successione

Il compito di prefetto è assai gravoso e Ratzinger desidererebbe esserne dispensato, specie dopo una emorragia cerebrale che lo colpisce a inizio degli anni Novanta, ma Giovanni Paolo II lo vuole al suo fianco fino alla fine.

Come decano del Collegio cardinalizio, carica che assume nel novembre del 2002, guida il Conclave che porta alla sua elezione dopo la morte di Papa Wojtyla, il 2 aprile 2005. «Possiamo essere sicuri che il nostro amato Papa sta adesso alla finestra della casa del Padre, ci vede e ci benedice»[39], disse ai funerali. Nella *Missa pro eligendo Romano Pontifice*, dopo la quale avrebbe avuto inizio il Conclave, parlò delle «correnti ideologiche» degli ultimi decenni: «La piccola barca del pensiero di molti cristiani è stata non di rado agitata da queste onde – gettata da un estremo all'altro: dal marxismo al liberalismo, fino al libertinismo; dal collettivismo all'individualismo radicale; dall'ateismo ad un vago misticismo religioso; dall'agnosticismo al sincretismo e così via». Pertanto «avere una fede chiara, secondo il Credo della Chiesa, viene spesso etichettato come fondamentalismo. Mentre il relativismo, cioè il lasciarsi portare "qua e là da qualsiasi vento di dottrina", appare come l'unico atteggiamento all'altezza dei tempi odierni. Si va costituendo una dittatura del relativismo che non riconosce nulla come definitivo e che lascia come ultima misura solo il proprio io e le sue voglie»[40].

«Noi, invece, – proseguiva il cardinale decano – abbiamo un'altra misura: il Figlio di Dio, il vero uomo. È lui la misura del vero umanesimo. "Adulta" non è una fede che segue le onde della moda e l'ultima novità; adulta e matura è una fede profondamente radicata

[39] Joseph Ratzinger, Omelia nella Messa esequiale per il defunto Papa Giovanni Paolo II, 8 aprile 2005.
[40] Joseph Ratzinger, Omelia nella *Missa pro eligendo Romano Pontifice*, 18 aprile 2005.

Benedetto XVI prega innanzi alla tomba del suo predecessore, Giovanni Paolo II, nelle Grotte Vaticane.

nell'amicizia con Cristo. È quest'amicizia che ci apre a tutto ciò che è buono e ci dona il criterio per discernere tra vero e falso, tra inganno e verità».

«Confesso che, al compimento del mio settantesimo anno di età, avrei tanto desiderato che l'amato Giovanni Paolo II mi concedesse di potermi dedicare allo studio e alla ricerca di interessanti documenti e reperti da voi custoditi con cura, veri capolavori che ci aiutano a ripercorrere la storia dell'umanità e del Cristianesimo», svelò nel 2007, visitando la Biblioteca Apostolica Vaticana e l'Archivio Segreto Vaticano. Tuttavia, «nei suoi disegni provvidenziali il Signore ha stabilito altri programmi per la mia persona ed eccomi oggi tra voi non come appassionato studioso di antichi testi, ma come Pastore chiamato a incoraggiare tutti i fedeli a cooperare alla salvezza del mondo, compiendo ciascuno la volontà di Dio là dove Egli ci pone a lavorare»[41].

Nelle pagine precedenti, il cardinale Ratzinger presiede i funerali di Giovanni Paolo II, l'8 aprile 2005.

[41] Benedetto XVI, Visita alla Biblioteca Apostolica Vaticana e all'Archivio Segreto Vaticano, 25 giugno 2007.

CAPITOLO VIII

ELEZIONE E PONTIFICATO

Nel pomeriggio del 19 aprile 2005, al quarto scrutinio, il cardinale decano Joseph Ratzinger viene eletto Sommo Pontefice, 265° Pastore della Chiesa universale. Sceglie il nome di Benedetto XVI, riallacciandosi a Benedetto XV (1914-1922), che fu Papa nel periodo travagliato del primo conflitto mondiale e che tanto si era adoperato per la pace, oltre che in onore del "patriarca" del monachesimo d'Occidente Benedetto da Norcia, santo patrono d'Europa e ideale richiamo alle radici cristiane della cultura e della civiltà occidentali. Ha 78 anni e incarna la grande tradizione intellettuale mitteleuropea del Novecento. Si presenta alla folla che lo acclama come «un semplice e umile lavoratore nella vigna del Signore»[1]. L'inizio del pontificato è entusiasmante, ma non sarà sempre così. Pesano su Ratzinger l'eredità di un Pontefice molto amato come Giovanni Paolo II, che ha retto il governo della Chiesa per quasi 27 anni, ma anche la fama di "Panzer-Kardinal", di rigido guardiano dell'ortodossia, veicolata da alcuni media internazionali.

Nella pagina precedente, Città del Vaticano, 19 aprile 2005. Dopo l'*Habemus Papam*, il nuovo Pontefice si affaccia per la sua prima benedizione "Urbi et Orbi". È il cardinale Joseph Ratzinger, che prende il nome di Benedetto XVI.

«Quando, lentamente, l'andamento delle votazioni mi ha fatto capire che, per così dire, la scure sarebbe caduta su di me, la mia testa ha incominciato a girare»[2], confida il nuovo Papa ai suoi connazionali pochi giorni dopo l'elezione. Avverte infatti che è «enorme il peso della responsabilità» che si riversa sulle sue spalle, ma al contempo sente che è «smisurata la potenza divina» sulla quale può contare. Sa inoltre che il compito del Papa è di «far risplendere davanti agli uomini e alle donne di oggi la luce di Cristo: non la propria luce, ma quella di Cristo»[3].

Nell'omelia per l'inizio del ministero petrino, sono condensati alcuni capisaldi del pontificato. «Il mio vero programma di governo

[1] Benedetto XVI, Primo saluto dopo l'elezione, 19 aprile 2005.

[2] Benedetto XVI, Discorso alle delegazioni e ai pellegrini convenuti dalla Germania per l'elezione del Sommo Pontefice, 25 aprile 2005.

[3] Benedetto XVI, Primo messaggio al termine della concelebrazione eucaristica con i cardinali elettori nella Cappella Sistina, 20 aprile 2005.

– afferma Benedetto XVI – è quello di non fare la mia volontà, di non perseguire mie idee, ma di mettermi in ascolto, con tutta quanta la Chiesa, della parola e della volontà del Signore e lasciarmi guidare da Lui, cosicché sia Egli stesso a guidare la Chiesa in questa ora della nostra storia»[4].

I cardinali, al termine del Conclave che ha eletto Benedetto XVI, si affacciano su piazza San Pietro dalle logge della Basilica vaticana.

Il nuovo Papa usa immagini poetiche per descrivere la missione della Chiesa e dei pastori, che esistono «per mostrare Dio agli uomini» e condurli «fuori dal mare salato di tutte le alienazioni verso la terra della vita, verso la luce di Dio». Ricorda che «non siamo il prodotto casuale e senza senso dell'evoluzione. Ciascuno di noi è il frutto di un pensiero di Dio. Ciascuno di noi è voluto, ciascuno è amato, ciascuno è necessario», e che «non vi è niente di più bello che conoscere Lui e comunicare agli altri l'amicizia con Lui». Rivolge inoltre una potente invocazione: «Pregate per me, perché io non fugga, per paura, davanti ai lupi». Non fuggirà, ma affronterà coraggiosamente le alterne situazioni e le sfide che si presenteranno. «Non riesco a vedermi come un fallito – dichiarerà da Papa emerito –. Per otto anni ho svolto il mio servizio. Ci sono stati momenti difficili, basti pensare, per esempio, allo scandalo della pedofilia e al caso Williamson o anche allo scandalo Vatileaks; ma in generale è stato anche un periodo in cui molte persone hanno trovato una nuova via alla fede e c'è stato anche un grande movimento positivo»[5].

[4] Benedetto XVI, Omelia durante la Messa per l'inizio del Ministero Petrino, 24 aprile 2005.
[5] Benedetto XVI, *Ultime conversazioni*, a cura di Peter Seewald, Garzanti, Milano 2016, p. 222.

La giornata del Papa

Il programma quotidiano del Pontefice procede a un ritmo molto intenso. Dopo la Messa del mattino, celebrata nella cappella del Palazzo apostolico, e alcuni adempimenti d'ufficio – come la visione e la firma dei documenti, o la lettura della rassegna stampa – iniziano le udienze, sia private che pubbliche. Benedetto XVI riceve capi di Stato e ambasciatori, i capidicastero e i collaboratori della Curia romana, i nunzi apostolici, che rappresentano la Santa Sede presso i diversi Stati con i quali essa intrattiene rapporti diplomatici, i vescovi in visita *ad limina apostolorum*, cioè i pastori provenienti da tutto il mondo, che ogni cinque anni raggiungono Roma, recandosi alla tomba dell'apostolo Pietro e incontrando il suo successore. Da loro il Papa riceve informazioni sulla vita della Chiesa nei diversi continenti, che gli consentono di avere uno sguardo davvero universale. Si confronta in questo modo con le sofferenze e le speranze dei fedeli e matura la sua visione sull'uomo contemporaneo.

Il primo saluto del nuovo Papa alla folla, dalla loggia centrale della Basilica di San Pietro.

Il Papa amministra il sacramento del Battesimo nella Cappella Sistina, l'11 gennaio 2009. Al suo fianco, monsignor Guido Marini, maestro delle Celebrazioni liturgiche pontificie.

Numerose sono anche le udienze con gruppi più ampi, sia nelle sale del Palazzo apostolico che in Aula Paolo VI, come pure gli incontri pubblici con i fedeli. «Le persone volevano, sì, vedere Benedetto XVI, ma lo volevano soprattutto ascoltare»[6], ricorda l'arcivescovo Georg Gänswein.

Nei brevi interventi che precedono la preghiera mariana dell'*Angelus* o del *Regina Caeli* nel periodo pasquale, affacciandosi dalla finestra del suo studio privato alla terza loggia del Palazzo apostolico, Benedetto XVI illustra il Vangelo e le letture della Messa del giorno. Sono delle brevi meditazioni che rendono comprensibile ai fedeli la Sacra Scrittura, attualizzandola e leggendo la realtà con gli occhi della fede.

Nelle udienze generali del mercoledì in piazza San Pietro o in Aula Paolo VI, svolge dei cicli di catechesi che colpiscono per la loro profondità e chiarezza espositiva. Come un professore ormai esperto, il Pontefice ha tratteggiato i profili degli Apostoli, dei Padri e dei dottori della Chiesa, di san Paolo, dei grandi teologi e delle più rilevanti figure femminili del Medioevo, di parecchi santi e beati, poi si è concentrato sulla preghiera e infine sulla fede e sulla conoscenza

[6] Hartmut Constien, Franz Xaver Heibl, Christian Schaller (a cura di), *Benedetto XVI Servo di Dio e degli uomini*, Libreria Editrice Vaticana, Città del Vaticano 2015, p. 9.

di Dio. Per pronunciare correttamente le parole nelle diverse lingue straniere in cui saluta al termine delle udienze, il Papa ascolta in precedenza un'audiocassetta con i suoni esatti e si esercita.

Nel pomeriggio passeggia nei Giardini Vaticani recitando il rosario insieme ai suoi segretari, i monsignori Gänswein e Mokrzycki. Quest'ultimo, che era già stato al fianco di Giovanni Paolo II, nel 2007 è nominato arcivescovo; gli si avvicenda il maltese Alfred Xuereb.

Via via la "squadra" del Papa cambia volto: il 22 giugno 2006 Benedetto XVI nomina segretario di Stato il cardinale salesiano Tarcisio Bertone, arcivescovo di Genova, canonista, che dal 1995 al 2002 era stato al suo fianco alla Congregazione per la Dottrina della Fede, in veste di segretario del dicastero. Succede al cardinale Angelo Sodano, a capo della diplomazia vaticana dalla fine del 1990, che a sua volta è subentrato al cardinale Ratzinger come decano del Collegio cardinalizio. Il successivo 11 luglio padre Federico Lombardi, sacerdote gesuita, sostituisce lo spagnolo Joaquín Navarro-Valls alla guida della Sala Stampa della Santa Sede. Nuovo maestro delle Celebrazioni liturgiche pontificie è dall'ottobre 2007 monsignor Guido Marini, al posto dell'arcivescovo Piero Marini. Cambio di vertice nello stesso mese anche al quotidiano *L'Osservatore Romano*, con la direzione affidata, dopo Mario Agnes, allo storico Giovanni Maria Vian, ordinario di Letteratura cristiana antica presso l'Università La Sapienza di Roma.

Benedetto XVI a Castel Gandolfo tra i cardinali Angelo Sodano e Tarcisio Bertone. È il 15 settembre 2006, giorno del loro avvicendamento ai vertici della Segreteria di Stato.

Nella foto in alto, il Papa passeggia e prega nei Giardini Vaticani insieme ai suoi segretari, Georg Gänswein e Alfred Xuereb.

«Non siamo un centro di produzione, non siamo un'impresa finalizzata al profitto, siamo Chiesa – spiega Papa Benedetto a Peter Seewald –. Siamo una comunità di persone che vive nella fede. Il nostro compito non è creare un prodotto o avere successo nelle vendite. Il nostro compito è vivere esemplarmente la fede, annunciarla; e mantenere in un profondo rapporto con Cristo e così con Dio stesso non un gruppo d'interesse, ma una comunità di uomini liberi che gratuitamente dà, e che attraversa nazioni e culture, il tempo e lo spazio»[7].

Le tre Encicliche del pontificato

La firma della prima Enciclica, *Deus caritas est.*

Il 25 dicembre 2005, nel primo Natale da Papa, Benedetto XVI firma la sua prima Enciclica: *Deus caritas est*[8], che ha inizio con le parole di san Giovanni «Dio è amore; chi sta nell'amore dimora in Dio e Dio dimora in lui», ed è un vero manifesto programmatico. «All'inizio dell'essere cristiano non c'è una decisione etica o una grande idea – scrive il Pontefice –, bensì l'incontro con un avvenimento, con una Persona, che dà alla vita un nuovo orizzonte e con ciò la direzione decisiva». L'Enciclica sull'amore si articola in due parti: la prima ha un carattere più speculativo, trattando dell'amore che Dio offre all'uomo e della realtà dell'amore umano; la seconda è maggiormente operativa, affrontando il comandamento dell'amore per il prossimo e le sue realizzazioni concrete.

[7] Benedetto XVI, *Luce del mondo. Il Papa, la Chiesa e i segni dei tempi. Una conversazione con Peter Seewald*, Libreria Editrice Vaticana, Città del Vaticano 2010, pp. 110-111.

[8] Benedetto XVI, Lettera enciclica *Deus caritas est* sull'amore cristiano, 25 dicembre 2005.

Il Papa bacia un bambino durante l'udienza generale in piazza San Pietro, il 30 marzo 2011.

Seguirà nel 2007 l'Enciclica *Spe salvi*[9], sulla speranza cristiana. Benedetto XVI si sofferma sulla redenzione e osserva che «il presente, anche un presente faticoso, può essere vissuto ed accettato se conduce verso una meta e se di questa meta noi possiamo essere sicuri, se questa meta è così grande da giustificare la fatica del cammino».

Del 2009 è la *Caritas in veritate*[10], che affronta le conseguenze della globalizzazione e della crisi economica e sociale, invitando allo stabilimento di un ordine economico più giusto e più umano, improntato al bene comune e alla salvaguardia dell'ambiente. La carità «dà vera sostanza alla relazione personale con Dio e con il prossimo», sostiene il Papa, e deve ispirare non solo le «micro-relazioni», cioè i rapporti tra amici, familiari, o piccoli gruppi, ma anche le «macro-relazioni», ossia le dinamiche sociali, economiche, politiche.

Dopo carità e speranza, dal trittico di Encicliche sulle virtù teologali manca la fede. Ma il cerchio si chiude nel 2013 con la pubblicazione di *Lumen fidei*[11], la prima Enciclica di Papa Francesco, che nel contesto dell'Anno della Fede indetto dal suo predecessore insiste sul carattere di luce proprio della fede, che viene da Dio ed è «capace di illuminare tutta l'esistenza dell'uomo». Benedetto XVI, spiega Papa Bergoglio, «aveva già quasi completato una prima stesura di Lettera enciclica sulla fede. Gliene sono profondamente grato e, nella fraternità di Cristo, assumo il suo prezioso lavoro, aggiungendo al testo alcuni ulteriori contributi».

[9] Benedetto XVI, Lettera enciclica *Spe salvi* sulla speranza cristiana, 30 novembre 2007.

[10] Benedetto XVI, Lettera enciclica *Caritas in veritate* sullo sviluppo umano integrale nella carità e nella verità, 29 giugno 2009.

[11] Francesco, Lettera enciclica *Lumen fidei* sulla fede, 29 giugno 2013.

Benedetto XVI legge il quotidiano *L'Osservatore Romano*, durante la villeggiatura estiva presso la residenza pontificia di Castel Gandolfo, nel luglio 2010.

ORE ROMAN

GESÙ DI NAZARET, LA TRILOGIA DEL PAPA TEOLOGO

Nell'aprile del 2007 il Papa compie 80 anni e pubblica il primo tomo della sua trilogia su Gesù di Nazaret, con la doppia firma Joseph Ratzinger - Benedetto XVI. È il frutto di una riflessione e di una ricerca culturale durate tutta una vita e la sintesi «tra un'interpretazione storica razionale e una esegesi guidata dalla fede»[12]. «Ho voluto fare il tentativo di presentare il Gesù dei Vangeli come il Gesù reale, come il "Gesù storico" in senso vero e proprio», scrive nell'introduzione. E aggiunge: «Io ritengo che proprio questo Gesù – quello dei Vangeli – sia una figura storicamente sensata e convincente».

Se il primo tomo è dedicato ai tre anni della predicazione di Cristo, il secondo, apparso nel marzo del 2011, affronta il periodo che va dall'ingresso di Gesù a Gerusalemme fino alla risurrezione. Il terzo, uscito nel novembre 2012, si concentra infine sull'infanzia di Gesù[13].

Benedetto XVI in piazza San Pietro al termine dell'udienza generale il 16 aprile 2007, giorno del suo ottantesimo compleanno.

[12] Benedetto XVI, *Luce del mondo*, p. 237.

[13] Joseph Ratzinger - Benedetto XVI, *Gesù di Nazaret*, Rizzoli, Milano 2007; *Gesù di Nazaret. Dall'ingresso di Gesù a Gerusalemme fino alla risurrezione*, Libreria Editrice Vaticana, Città del Vaticano 2011; *L'infanzia di Gesù*, Rizzoli-Libreria Editrice Vaticana, Milano-Città del Vaticano 2012.

I VIAGGI APOSTOLICI

Il Papa presiede la Messa a Bari, nel corso del primo viaggio del pontificato, il 29 maggio 2005.

«Svolgo il compito che mi è stato affidato nella consapevolezza che accade per un Altro e che questo Altro è al mio fianco – sostiene Benedetto XVI in *Luce del mondo* –. Per questo affronto i viaggi senza alcuna inquietudine»[14].

La sua prima visita pastorale in Italia ha luogo a Bari a fine maggio 2005, a conclusione del XXIV Congresso eucaristico nazionale. Il primo viaggio all'estero, nell'agosto successivo, ha come meta la sua Germania, in occasione della XX Giornata mondiale della gioventù: un appuntamento fissato da tempo, che il nuovo Papa eredita dal predecessore. Si rivela un vero trionfo, cui prende parte un milione di giovani, con i quali l'anziano Pontefice instaura una sintonia speciale.

Seguiranno altre due Gmg, nel 2008 a Sydney e nel 2011 a Madrid. «Le Giornate mondiali della gioventù – dirà – fanno davvero parte dei più bei ricordi del mio pontificato. Colonia, Sydney e Madrid sono momenti importanti della mia biografia che non dimenticherò mai. Mi ha fatto semplicemente piacere partecipare, essere accettato e poter aiutare gli altri»[15].

Il sorriso del Papa che incontra i giovani è raggiante, mentre solca il Reno in battello e migliaia di ragazzi lo applaudono dalle sponde del fiume. Lo stesso avviene durante la festa di accoglienza nella Baia di Sydney, con il famoso ponte e l'Opera House a fare da sfondo. Ma, dopo le urla di gioia e la festa, ai giovani Benedetto XVI propone la lunga adorazione silenziosa del Santissimo Sacramento, in ginocchio,

[14] Benedetto XVI, *Luce del mondo*, pp. 161-162.
[15] Benedetto XVI, *Ultime conversazioni*, a cura di Peter Seewald, pp. 184-185.

Benedetto XVI varca il cancello del campo di concentramento di Auschwitz, in Polonia, il 28 maggio 2006.

durante la veglia notturna. A Madrid la preghiera è preceduta da un violentissimo temporale, che la rende ancora più suggestiva.

Indelebili rimangono numerose immagini dall'album dei viaggi apostolici, ben 24 in 22 Paesi, oltre a 29 visite pastorali in Italia, insieme ad alcuni interventi pronunciati dal Pontefice in quelle circostanze.

«Sempre di nuovo emerge la domanda: dove era Dio in quei giorni? Perché Egli ha taciuto? Come poté tollerare questo eccesso di distruzione, questo trionfo del male?», si chiede il 28 maggio 2006, visitando il campo di concentramento di Auschwitz-Birkenau, che definisce «luogo di orrore, di accumulo di crimini contro Dio e contro l'uomo che non ha confronti nella storia». Prendere la parola ad Auschwitz è «particolarmente difficile e opprimente per un cristiano, per un Papa che proviene dalla Germania», constata, lui «figlio di quel popolo sul quale un gruppo di criminali raggiunse il potere mediante promesse bugiarde». Osserva però che è sbagliato «farci giudici di Dio e della storia», esortando a «rimanere con l'umile ma insistente grido verso Dio: Svegliati! Non dimenticare la tua creatura, l'uomo!»[16].

Nel maggio del 2007 Benedetto XVI è in Brasile, il più grande Paese dell'America del Sud, che la fede in Dio ha reso il "Continente della

[16] Benedetto XVI, Discorso durante la visita al campo di Auschwitz, 28 maggio 2006.

speranza". «Non un'ideologia politica, non un movimento sociale, non un sistema economico; è la fede in Dio (...) l'autentico fondamento di questa speranza che tanti frutti magnifici ha portato, dall'epoca della prima evangelizzazione fino a oggi», sostiene inaugurando la V Conferenza generale dell'episcopato latinoamericano ad Aparecida, nella quale un ruolo decisivo sarà svolto dal cardinale Bergoglio, arcivescovo di Buenos Aires e futuro Pontefice, quale presidente della Commissione che elabora il documento finale. «La Chiesa non fa proselitismo – afferma il Papa –. Essa si sviluppa piuttosto per "attrazione"»[17].

Il Papa sul battello che lo conduce alla Baia di Sydney, il 17 luglio 2008, in occasione della XXIII Giornata mondiale della gioventù.

Nel settembre successivo, a Vienna, Benedetto XVI esorta a riscoprire il senso cristiano della domenica, giorno del Signore, che nelle società occidentali si è mutata in un fine-settimana, in tempo libero. Questo è necessario, ma se «non ha un centro interiore, da cui proviene un orientamento per l'insieme, esso finisce per essere tempo vuoto che non ci rinforza e non ricrea»[18].

[17] Benedetto XVI, Omelia nella Messa di inaugurazione della V Conferenza generale dell'episcopato latinoamericano e dei Caraibi, Aparecida, 13 maggio 2007.

[18] Benedetto XVI, Omelia nella Messa nel Duomo di Santo Stefano, Vienna, 9 settembre 2007.

Benedetto XVI si raccoglie in preghiera a Ground Zero, il 20 aprile 2008.

Toccante, nel corso del viaggio negli Stati Uniti d'America nell'aprile del 2008, la preghiera del Pontefice a Ground Zero, dove sorgevano le Torri gemelle simbolo di New York. «Dio della pace – invoca –, porta la Tua pace nel nostro mondo violento: pace nei cuori di tutti gli uomini e le donne e pace tra le Nazioni della terra. Volgi verso il Tuo cammino di amore coloro che hanno il cuore e la mente consumati dall'odio»[19].

Sono due gli Incontri mondiali delle famiglie ai quali interviene Benedetto XVI: Valencia nel 2006 e Milano nel 2012. «Insieme alla trasmissione della fede e dell'amore del Signore, uno dei compiti più grandi della famiglia è quello di formare persone libere e responsabili», indica il Papa in Spagna. Se i figli vedono che i loro genitori «vivono la vita con gioia ed entusiasmo, nonostante le difficoltà, crescerà più facilmente in essi quella gioia profonda di vivere che li aiuterà a superare con buon esito i possibili ostacoli e le contrarietà che comporta la vita umana»[20].

A Milano Benedetto XVI riflette su tre dimensioni dell'esistenza umana – la famiglia, il lavoro, la festa – che devono trovare un ar-

[19] Benedetto XVI, Preghiera a Ground Zero, in occasione della visita agli Stati Uniti d'America, New York, 20 aprile 2008.

[20] Benedetto XVI, Discorso durante l'incontro festivo e testimoniale in occasione del V Incontro Mondiale delle Famiglie a Valencia, 8 luglio 2006.

monioso equilibrio tra loro «per costruire società dal volto umano», e raccomanda di privilegiare sempre «la logica dell'essere rispetto a quella dell'avere: la prima costruisce, la seconda finisce per distruggere»[21].

Sul volo che nel settembre del 2009 lo conduce a Praga, capitale di un Paese molto secolarizzato quale la Repubblica Ceca, il Papa parla delle «minoranze creative», che «determinano il futuro». In questo senso la Chiesa «deve comprendersi come minoranza creativa che ha un'eredità di valori che non sono cose del passato, ma una realtà molto viva ed attuale», e quindi «essere presente nel dibattito pubblico, nella nostra lotta per un concetto vero di libertà e di pace»[22].

Al termine della Messa nella Basilica della Sagrada Familia, a Barcellona, il 7 novembre 2010.

Resta poi il ricordo di alcuni momenti di forte raccoglimento spirituale. Il 2 maggio 2010, a Torino, Benedetto XVI prega innanzi alla Sindone, «icona» del Sabato Santo, «giorno del nascondimento di Dio». Nell'ultimo secolo, evidenzia il Papa, l'umanità ha sofferto due guerre mondiali, i *lager*, i *gulag*, la bomba atomica, così come ciascun uomo sperimenta nella sua vita dei momenti di abbandono totale. Eppure, proprio «dal buio della morte del Figlio di Dio, è spuntata

[21] Benedetto XVI, Omelia nella Messa in occasione della visita pastorale all'arcidiocesi di Milano e del VII Incontro Mondiale delle Famiglie, 3 giugno 2012.

[22] Benedetto XVI, Intervista durante il volo verso la Repubblica Ceca, 26 settembre 2009.

Benedetto XVI celebra la Messa nella Plaza de la Revolución di L'Avana, nel corso del suo viaggio apostolico a Cuba, il 28 marzo 2012.

la luce di una speranza nuova: la luce della Risurrezione»[23]. Il 19 settembre successivo beatifica a Birmingham il cardinale John Henry Newman, illustre teologo convertitosi dall'anglicanesimo, che grande influenza ha esercitato nello sviluppo del suo pensiero. Il 7 novembre presiede la Messa di dedicazione della Basilica della Sagrada Familia a Barcellona, opera insigne dell'architetto Antoni Gaudí, i cui lavori procedono da oltre un secolo. La definisce «un segno visibile del Dio invisibile». «La bellezza è la grande necessità dell'uomo», osserva nell'omelia. Essa è anche «rivelatrice di Dio perché, come Lui, l'opera bella è pura gratuità, invita alla libertà e strappa dall'egoismo»[24].

Da Cuba, nel marzo 2012, Benedetto XVI lancia un appello per la libertà religiosa, «che consiste nel poter proclamare e celebrare anche pubblicamente la fede». Non è la rivendicazione di un privilegio, ma un diritto che «manifesta l'unità della persona umana che è, nel medesimo tempo, cittadino e credente», chiarisce il Papa. Il suo rafforzamento,

[23] Benedetto XVI, Meditazione durante la venerazione della Santa Sindone, Torino, 2 maggio 2010.

[24] Benedetto XVI, Omelia durante la Messa con dedicazione della chiesa della Sagrada Familia, Barcellona, 7 novembre 2010.

Benedetto XVI riceve Barack e Michelle Obama, il 10 luglio 2009 in Vaticano.

Il Papa con la regina Elisabetta II e il principe Filippo, il 16 settembre 2010 presso il Palazzo Reale di Holyroodhouse, a Edimburgo, durante il viaggio apostolico nel Regno Unito.

inoltre, «consolida la convivenza, alimenta la speranza in un mondo migliore, crea condizioni propizie per la pace e per lo sviluppo armonioso»[25]. Prima di ripartire dall'isola, visita l'anziano *leader* Fidel Castro, accrescendo l'elenco degli incontri con i grandi della terra: i presidenti americani Bush e Obama, il segretario generale dell'Onu Ban Ki-moon, il presidente russo Putin, quello palestinese Abu Mazen, il primo ministro turco Erdogan, la regina Elisabetta d'Inghilterra, la cancelliera tedesca Angela Merkel.

[25] Benedetto XVI, Omelia durante la Messa a Plaza de la Revolución, L'Avana, 28 marzo 2012.

I GRANDI DISCORSI

«In Benedetto la linearità, la profondità e la chiarezza del discorso erano totali»[26], rievoca padre Lombardi, che ha diretto la Sala Stampa vaticana quasi per l'intero pontificato ratzingeriano. Tra i tanti discorsi pronunciati dal Papa tedesco, alcuni sono rimasti come delle vette ed è utile ripercorrerne qualche passaggio.

Prendendo la parola all'Assemblea generale delle Nazioni Unite, nell'aprile del 2008 a New York, Benedetto XVI enuclea il dovere primario di ogni Stato: «Proteggere la propria popolazione da violazioni gravi e continue dei diritti umani, come pure dalle conseguenze delle crisi umanitarie, provocate sia dalla natura che dall'uomo». Qualora uno Stato non sia in grado di tutelare i propri cittadini, spetta alla comunità internazionale di intervenire, naturalmente esplorando ogni possibile via diplomatica in vista della riconciliazione. Al cuore delle istituzioni, delle leggi e degli interventi della società deve esserci la persona con i suoi diritti, che costituiscono «il linguaggio comune e il sostrato etico delle relazioni internazionali». Pertanto, «la promozione dei diritti umani rimane la strategia più efficace per eliminare le disuguaglianze fra Paesi e gruppi sociali, come pure per un aumento della sicurezza»[27].

Al Collège des Bernardins di Parigi, il Papa incontra nel settembre 2008 il mondo intellettuale francese e indaga le radici della cultura europea, che affondano nei monasteri, luoghi in cui sopravvivevano i tesori della vecchia cultura e nei quali se ne è formata una nuova, a partire dalla ricerca di Dio da parte dei monaci. Grazie al loro amore per le lettere sono nate le biblioteche ed è maturata anche la cultura del lavoro, senza la quale lo sviluppo dell'Europa è inimmaginabile.

[26] Federico Lombardi, Intervista di Giorgio Malavasi, "Vi racconto Benedetto e Francesco, i Papi che ho servito", pubblicata sul settimanale *Gente Veneta*, n. 5, 2017.

[27] Benedetto XVI, Discorso durante l'incontro con i membri dell'Assemblea generale delle Nazioni Unite, New York, 18 aprile 2008.

Benedetto XVI prende la parola alla Westminster Hall, il 17 settembre 2010.

Volgendo lo sguardo al presente, Benedetto XVI rileva che «per molti, Dio è diventato veramente il grande Sconosciuto». Eppure si riaffaccia nell'uomo contemporaneo il «*quaerere Deum*»: «Ciò che ha fondato la cultura dell'Europa, la ricerca di Dio e la disponibilità ad ascoltarlo, rimane anche oggi il fondamento di ogni vera cultura». Rimuovere la domanda su Dio comporterebbe invece la capitolazione della ragione, un tracollo dell'umanesimo dalle gravi conseguenze[28].

Ruota intorno all'interrogativo sulla base etica delle scelte politiche l'intervento del Papa alla Westminster Hall, in occasione del suo viaggio apostolico del settembre 2010 nel Regno Unito. Benedetto XVI rivendica il «ruolo legittimo» della religione nella sfera pubblica. La dimensione morale delle politiche attuate dai governi ha infatti conseguenze di vasto raggio e se essa è fondata solo sul consenso sociale

[28] Benedetto XVI, Discorso durante l'incontro con il mondo della cultura al Collège des Bernardins, Parigi, 12 settembre 2008.

rivela ben presto la sua fragilità. Alla religione non spetta di proporre soluzioni politiche concrete. Essa deve piuttosto esercitare un ruolo «correttivo» nei confronti della ragione, aiutandola nella scoperta dei principi morali oggettivi. «Il mondo della ragione e il mondo della fede hanno bisogno l'uno dell'altro e non dovrebbero avere timore di entrare in un profondo e continuo dialogo, per il bene della nostra civiltà», conclude il Pontefice[29].

Sui fondamenti dello Stato liberale di diritto è incentrato il discorso al Reichstag di Berlino, sede del Parlamento tedesco. «Servire il diritto e combattere il dominio dell'ingiustizia è e rimane il compito fondamentale del politico», sottolinea il Papa. Oggi, avendo acquistato un potere finora inimmaginabile, «l'uomo è in grado di distruggere il mondo. Può manipolare se stesso», avverte. «Come possiamo distinguere tra il bene e il male, tra il vero diritto e il diritto solo apparente?», domanda pertanto il Pontefice. Il principio maggioritario non basta. I teologi cristiani hanno invitato fin dai primi secoli a riconoscere «come fonte giuridica valida per tutti la ragione e la natura nella loro correlazione». Dove la ragione positivista si ritiene come la sola cultura sufficiente, relegando allo stato di "sottoculture" le altre realtà culturali, «essa riduce l'uomo, anzi, minaccia la sua umanità». Benedetto XVI richiama quindi il patrimonio culturale dell'Europa, la cui identità deriva «dall'incontro tra Gerusalemme, Atene e Roma – dall'incontro tra la fede in Dio di Israele, la ragione filosofica dei Greci e il pensiero giuridico di Roma». Partendo dalla convinzione circa l'esistenza di un Dio creatore, si sono sviluppate l'idea dei diritti umani, l'uguaglianza di tutti gli uomini davanti alla legge, la conoscenza dell'inviolabilità della dignità umana in ogni persona e la consapevolezza della responsabilità degli uomini per il loro agire[30].

[29] Benedetto XVI, Discorso durante l'incontro con le autorità civili presso la Westminster Hall, Westminster, 17 settembre 2010.

[30] Benedetto XVI, Discorso in occasione della visita al Parlamento federale, Reichstag di Berlino, 22 settembre 2011.

La tempesta di Ratisbona

A un certo punto, è arrivata la tempesta. Sul pontificato di Benedetto XVI ci sono state anche controversie e bufere. Anche mediatiche. Se si vuole individuare un inizio preciso di questo corso, si deve partire da quello che viene ricordato come il "discorso di Ratisbona". Nel mese di settembre 2006, dal 9 al 14, il Pontefice torna in Germania, dopo il viaggio a Colonia dell'agosto 2005. Il programma prevede tappe a Monaco, ad Altötting, all'amato santuario mariano dell'infanzia, a Marktl am Inn, paese natale, a Frisinga e a Ratisbona, città dove ha studiato e ha insegnato. Il viaggio si annuncia come un tranquillo ritorno a casa, nella sua Baviera. Non sarà così.

All'università di Ratisbona, il giorno 12, Benedetto XVI tiene una *lectio magistralis*. Il Pontefice, che qui è stato professore e vicerettore, è emozionato. Il suo discorso si propone di analizzare il rapporto tra fede e ragione. Nel suo articolato intervento, il Papa cita un passo del dialogo, su cristianesimo e islam, tra l'imperatore bizantino Manuele II Paleologo (1350-1425) e un persiano colto. La citazione viene considerata offensiva nei confronti dei musulmani: si riferisce al rapporto tra religione e violenza, e suscita aspre polemiche nel mondo islamico, sui media internazionali, persino agguerrite manifestazioni pubbliche.

Il quotidiano americano *New York Times* invoca le scuse del Papa, alcune chiese cristiane subiscono attacchi e incendi. La parte contestata del discorso di Benedetto XVI è la citazione del dialogo. Eccola.

«Egli, in modo sorprendentemente brusco, si rivolge al suo interlocutore semplicemente con la domanda centrale sul rapporto tra religione e violenza in genere, dicendo: "Mostrami pure ciò che Maometto ha portato di nuovo, e vi troverai soltanto delle cose cattive e disumane, come la sua direttiva di diffondere per mezzo della spada la fede che egli predicava". L'imperatore, dopo essersi pronunciato in modo così pesante, spiega poi minuziosamente le ragioni per cui

La *lectio magistralis* del Papa all'università di Ratisbona, il 12 settembre 2006.

la diffusione della fede mediante la violenza è cosa irragionevole. La violenza è in contrasto con la natura di Dio e la natura dell'anima»[31].

I mezzi di comunicazione si concentrarono sulla citazione del dialogo, senza fare un'adeguata opera di contestualizzazione.

Benedetto XVI aveva voluto esaltare il ruolo della ragione, spiegare la ragionevolezza della fede, che riguarda tutti, cristiani e musulmani, proporre un'analisi sull'islam contemporaneo. Ma gli attacchi arrivarono da più fronti: da quello intellettuale a quello politico. Anche da alcune pubblicazioni cattoliche, come la rivista dei gesuiti *Études*.

Per questo il Papa fu costretto a tornare più di una volta su quel discorso. Il 17 settembre, durante l'*Angelus*, dice: «Questa citazione, purtroppo, ha potuto prestarsi a essere fraintesa. Per il lettore attento del mio testo, però, risulta chiaro che non volevo in nessun modo far mie le parole negative pronunciate dall'imperatore medievale in questo dialogo e che il loro contenuto polemico non esprime la mia convinzione personale»[32].

[31] Benedetto XVI, Discorso durante l'incontro con i rappresentanti della Scienza presso l'Università di Ratisbona, 12 settembre 2006. Il titolo della *lectio magistralis* è "Fede, ragione e università. Ricordi e riflessioni".

[32] Benedetto XVI, *Angelus*, 17 settembre 2006.

Le critiche non si placano. Il Pontefice affronta di nuovo l'argomento, che tanto dibattito suscita, anche il 20 settembre, durante l'udienza generale, e ancora nel discorso di fine anno alla Curia romana.

Ma bisogna altresì ricordare che, dopo gli attacchi iniziali, esponenti del mondo islamico sottoscrissero documenti ispirati al dialogo col Pontefice. E una lettera del 2007 portava 138 firme.

Le interpretazioni sull'intervento di Ratisbona, considerato anche una gaffe e un "errore" di comunicazione che si poteva evitare, non sono mancate. Per alcuni non era stata vagliata pienamente la valenza politica del discorso, da parte dei suoi collaboratori. Altri hanno individuato in questo episodio la prima manifestazione di una "solitudine" del Papa tedesco, un isolamento messo in campo da parte della stampa laicista e da esponenti cattolici a lui ostili.

Scandali e tormenti

Negli otto anni di pontificato di Benedetto XVI ci sono stati altri momenti difficili. Tra questi figura il "caso Williamson", che riguarda la revoca della scomunica di quattro vescovi ordinati in modo illegittimo nel 1988 da monsignor Marcel Lefebvre (1905-1991).

Giovanni Paolo II aveva scomunicato Lefebvre e i neo consacrati, sempre nel 1988. La revoca di Benedetto XVI è del 21 gennaio 2009. Uno dei quattro vescovi è l'inglese Richard Williamson – da qui la denominazione del caso –, anglicano poi passato nelle file lefebvriane. Lo stesso giorno, una televisione svedese manda in onda un'intervista, registrata due mesi prima e mai trasmessa, a Williamson, che nega lo sterminio degli ebrei a opera dei nazisti e l'Olocausto.

Scoppiano le proteste. Di fronte alle critiche, Papa Benedetto prova a spiegare le sue ragioni nell'*Angelus* del 28 gennaio, rinnovando la vicinanza agli ebrei.

Solo il 4 febbraio, la Segreteria di Stato interviene con una nota, dove si afferma che «le posizioni di monsignor Williamson sulla Shoah sono del tutto inaccettabili», e «non conosciute dal Santo Padre al momento della remissione della scomunica».

Le discussioni continuano. Arriva una richiesta di chiarimenti anche dalla cancelliera tedesca Angela Merkel.

Chi aveva il compito di vigilare – la Pontificia Commissione Ecclesia Dei, che si era occupata della revoca della scomunica, e la Segreteria di Stato – non l'ha fatto in modo adeguato.

Assumendosi responsabilità che andavano oltre la sua persona, il 10 marzo Papa Benedetto invia una Lettera ai vescovi della Chiesa cattolica per spiegare il suo pensiero e la sua posizione.

Scrive anche queste parole: «Mi è stato detto che seguire con attenzione le notizie raggiungibili mediante l'internet avrebbe dato la possibilità di venir tempestivamente a conoscenza del problema. Ne traggo la lezione che in futuro nella Santa Sede dovremo prestar più attenzione a quella fonte di notizie. Sono rimasto rattristato dal fatto che anche cattolici, che in fondo avrebbero potuto sapere meglio come stanno le cose, abbiano pensato di dovermi colpire con un'ostilità pronta all'attacco»[33].

Per alcuni, la Lettera è anche un'esplicitazione di divisioni interne al governo della Chiesa, regnanti intorno al Pontefice, e un'esortazione a quegli episcopati spesso critici nei confronti del Papa, come quello tedesco.

«Fu un momento cupo e un periodo molto pesante. Ma la gente poi ha capito che io, semplicemente, non ero stato informato»[34], ha spiegato recentemente, tornando ancora sul caso Williamson, Papa Benedetto.

[33] Benedetto XVI, Lettera ai vescovi della Chiesa cattolica riguardo alla remissione della scomunica dei quattro vescovi consacrati dall'arcivescovo Lefebvre, 10 marzo 2009.

[34] Benedetto XVI, *Ultime conversazioni*, a cura di Peter Seewald, p. 211.

Ancora una bufera

Poco dopo il caso Williamson, arriva una nuova bufera. Durante il volo di andata del viaggio apostolico in Africa – svoltosi dal 17 al 23 marzo 2009 –, Benedetto XVI, rispondendo alla domanda di un giornalista, dice che non si può superare il problema dell'Aids «con la distribuzione di preservativi: al contrario, aumentano il problema»[35].

Anche stavolta le polemiche esplodono a livello internazionale. Il Parlamento del Belgio inoltra una protesta formale contro le dichiarazioni del Papa. Le parole che Benedetto XVI pronuncia nei giorni successivi, invitando a una riflessione sulla crisi dell'Africa, sulla necessità di affrontare i problemi che l'affliggono in modo complessivo e sulla politica internazionale nel continente, restano nell'ombra.

Il dramma della pedofilia

Nei 2.872 giorni del suo pontificato, Benedetto XVI si è trovato molte volte accanto al dolore delle vittime della pedofilia: le ha incontrate, ha cercato di dare loro risposte, si è commosso con loro.

È successo anche nel 2010, durante il viaggio a Malta. «Abbiamo pianto tutti. Anche il Papa ha pianto», ha raccontato Joseph Magro, abusato in orfanotrofio da ragazzo.

«Gli ho detto che mi sentivo toccato nel profondo; che soffrivo con loro. Non era un modo di dire, perché veramente sono stato colpito al cuore»[36], ha confidato Papa Benedetto.

Joseph Ratzinger si è occupato del dramma della pedofilia anche da prefetto della Congregazione per la Dottrina della Fede, impar-

[35] Benedetto XVI, Intervista durante il volo verso l'Africa, 17 marzo 2009.

[36] Benedetto XVI, *Luce del mondo*, p. 57.

tendo regole su come i casi dovevano essere affrontati, disponendo misure di prevenzione e di collaborazione con le autorità giudiziarie.

Eppure, i molti casi emersi durante il suo pontificato – periodo nel quale Benedetto XVI ha rimosso quasi 400 preti – gettavano ombre scure sulla Chiesa. Gli abusi si riferivano agli anni precedenti, soprattutto al periodo compreso tra gli anni Sessanta e gli anni Ottanta, ma le denunce, fatte successivamente, davano al problema un'attualità drammatica. Pesavano sul suo pontificato come macigni. In Irlanda, secondo un'indagine del giudice Sean Ryan pubblicata nel 2009, negli ultimi 50 anni quasi 2.500 bambini avevano subito violenza da parte di sacerdoti.

Benedetto XVI affrontò il dramma, anche scrivendo una Lettera ai fedeli d'Irlanda: ammoniva i vescovi, consolava le vittime, condannava i carnefici. Invocava giustizia.

«Avete sofferto tremendamente e io ne sono veramente dispiaciuto. So che nulla può cancellare il male che avete sopportato. È stata tradita la vostra fiducia e la vostra dignità è stata violata»[37], ha riconosciuto dolorosamente il Papa.

Con le voci delle vittime che trovano il coraggio di denunciare e con il pontificato di Benedetto XVI, la battaglia contro la pedofilia segna un nuovo corso: la condanna. Anche chi, in passato, ha ignorato o nascosto il problema, anche per "ragion di Chiesa", è chiamato alla responsabilità.

Una nuova consapevolezza si fa strada. E nel 2010 arriva il "commissariamento" della Congregazione dei Legionari di Cristo, fondata nel 1941 da padre Marcial Maciel Degollado (1920-2008), condannato nel 2006 per numerosi casi di pedofilia.

Nel discorso di fine anno alla Curia romana, nel 2010, Benedetto XVI si sofferma nuovamente sugli abusi nei confronti di minori e ricorda una visione di sant'Ildegarda di Bingen, nella quale «il volto della Chiesa è coperto di polvere, ed è così che noi l'abbiamo visto.

[37] Benedetto XVI, Lettera pastorale ai cattolici d'Irlanda, 19 marzo 2010.

Il suo vestito è strappato – per la colpa dei sacerdoti. Così come lei l'ha visto ed espresso, l'abbiamo vissuto in quest'anno. Dobbiamo accogliere questa umiliazione come un'esortazione alla verità e una chiamata al rinnovamento. Solo la verità salva»[38].

E la ricerca della verità contempla la giustizia.

Il maggiordomo che tradisce

Nei primi mesi del 2012, in seguito alla pubblicazione di documenti riservati sottratti dalla scrivania di Benedetto XVI e riguardanti contrasti nel governo del Vaticano e nella gestione della sua banca, lo Ior, l'Istituto per le opere di religione, scoppia lo scandalo Vatileaks. Il 24 maggio viene arrestato Paolo Gabriele, maggiordomo del Papa. Il processo a suo carico inizia il 29 settembre: il 6 ottobre è condannato a 18 mesi di carcere. Il maggiordomo, definito "corvo" dai media, rimane in una cella in Vaticano fino alla fine dell'anno, quando torna in libertà dopo la grazia concessa dal Pontefice. La vicenda si conclude lasciando domande sulla mente che avrebbe "armato" la mano di Gabriele, che ha dichiarato di aver agito per contrastare il potere di persone vicine a Benedetto XVI.

Benedetto XVI con il suo ex maggiordomo Paolo Gabriele, in occasione della concessione della grazia.

[38] Benedetto XVI, Discorso alla Curia romana per la presentazione degli auguri natalizi, 20 dicembre 2010.

La visita annullata

«Un intellettuale col cuore»: così è stato definito Joseph Ratzinger dall'amico teologo Alfred Läpple.

Eppure, nel gennaio 2008, il Vaticano fu addirittura costretto ad annullare la visita di Papa Benedetto all'Università La Sapienza di Roma – prevista su invito del rettore – in seguito alle proteste di docenti e studenti. Tra le motivazioni della contestazione, ancora il discorso di Ratisbona. Paolo VI era stato ospite alla Sapienza nel 1964, Giovanni Paolo II nel 1991. Il Pontefice professore rinunciò.

Nei giorni di umana solitudine, avrà ricordato le parole pronunciate di fronte ai fedeli a inizio del ministero petrino: «Chi crede non è mai solo».

Ecumenismo, dialogo interreligioso e impegno per la pace, temi prioritari

Il 27 ottobre 2011 il Papa si reca in treno ad Assisi, per partecipare a una Giornata di riflessione, dialogo e preghiera per la pace e la giustizia nel mondo, insieme ai rappresentanti delle altre religioni, 25 anni dopo il primo, storico incontro voluto da Giovanni Paolo II nella città di san Francesco. Il dialogo ecumenico e quello interreligioso hanno infatti caratterizzato anche il pontificato di Benedetto XVI, che vede nelle varie religioni modi diversi per rispondere agli interrogativi sul significato ultimo dell'esistenza umana.

«La Chiesa – affermava pochi giorni dopo l'elezione – vuole continuare a costruire ponti di amicizia con i seguaci di tutte le religioni, al fine di ricercare il bene autentico di ogni persona e della società nel suo insieme»[39]. Una delle priorità del Papa è il recupero della piena unità

[39] Benedetto XVI, Discorso durante l'incontro con i rappresentanti delle Chiese e comunità cristiane e di altre religioni non cristiane, 25 aprile 2005.

Benedetto XVI ad Assisi, il 27 ottobre 2011.

dei cristiani. A questo fine, ritiene, «la forma migliore di ecumenismo consiste nel vivere secondo il Vangelo»[40].

Un impegno fatto di relazioni, di incontri, di riflessione, quello di Benedetto XVI. Il rapporto con il patriarca ecumenico Bartolomeo I di Costantinopoli è caratterizzato da stima sincera e amicizia. In una dichiarazione congiunta siglata nel novembre 2006 al termine della divina liturgia al Fanar, sede del Patriarcato ortodosso, Benedetto e Bartolomeo esprimono la gioia di sentirsi fratelli e rinnovano il loro impegno in vista della piena comunione[41].

«Il mondo ha bisogno della nostra testimonianza e della forza che scaturisce da una proclamazione indivisa del Vangelo»[42], rammenta all'arcivescovo di Canterbury Rowan Williams, massima autorità spirituale della Chiesa e della Comunione anglicane.

[40] Benedetto XVI, Discorso durante l'incontro ecumenico, Colonia, 19 agosto 2015.

[41] Benedetto XVI-Bartolomeo I, Dichiarazione comune, 30 novembre 2006.

[42] Benedetto XVI, Discorso in occasione della visita dell'arcivescovo di Canterbury, Rowan Williams, 23 novembre 2006.

L'incontro con la comunità ebraica presso la Sinagoga di Colonia, il 19 agosto 2005.

Nell'ex convento agostiniano di Erfurt, dove Martin Lutero ha studiato teologia e celebrato la sua prima Messa, incontrando una delegazione evangelica Benedetto XVI invita tutti i cristiani a una forte testimonianza credente: «Non è l'annacquamento della fede che aiuta, bensì solo il viverla interamente nel nostro oggi». Il Papa richiama l'interrogarsi di Lutero sul Dio misericordioso, a differenza della maggior parte della gente di oggi, anche cristiani, secondo i quali Dio «non si interessa dei nostri peccati e delle nostre virtù», presupponendo che nella sua misericordia ignorerà le mancanze degli uomini. Ma «il male non è un'inezia – ribadisce –. Esso non potrebbe essere così potente se noi mettessimo Dio veramente al centro della nostra vita»[43].

Sono due i pericoli principali che il Pontefice ravvisa nell'attuale contingenza storica e che le religioni devono contrastare: «Da una parte, l'abuso del nome di Dio per la giustificazione di una violenza cieca

[43] Benedetto XVI, Discorso durante l'incontro con i rappresentanti del Consiglio della Chiesa evangelica in Germania, Erfurt, 23 settembre 2011.

contro persone innocenti; dall'altra, il cinismo che non conosce Dio e che schernisce la fede in Lui»[44]. Riguardo al terrorismo, «una scelta perversa e crudele, che calpesta il diritto sacrosanto alla vita e scalza le fondamenta stesse di ogni civile convivenza»[45], Benedetto XVI ritiene che «questa non è la vera natura della religione. È invece il suo travisamento e contribuisce alla sua distruzione»[46]. Nefaste sono al contempo le conseguenze della negazione di Dio e della perdita di umanità che può derivarne, quando l'uomo non riconosce più alcuna norma e alcun giudice al di sopra di sé e reputa possibile qualsiasi malvagità. Da ciò il compito fondamentale delle religioni nel cammino di ricerca della verità e nello stabilimento della pace.

Particolarmente intenso è il dialogo di Benedetto XVI con il mondo ebraico, a iniziare dalla visita alla sinagoga di Colonia, il 19 agosto 2005. Pur nelle diverse convinzioni di fede, «dobbiamo rispettarci e amarci a vicenda», ribadisce il Pontefice, formulando un chiaro ammonimento: «Davanti a Dio tutti gli uomini hanno la stessa dignità, a qualunque popolo, cultura o religione appartengano»[47]. Il 18 aprile 2008 il Papa si reca alla Sinagoga di Park East a New York e il 17 gennaio 2010 visita il Tempio maggiore di Roma. «Ogni sforzo deve essere fatto per combattere l'antisemitismo dovunque si trovi, e per promuovere il rispetto e la stima verso gli appartenenti ad ogni popolo, razza, lingua e nazione in tutto il mondo», nota durante il viaggio in Terra Santa[48].

Anche con il mondo islamico Benedetto XVI intrattiene dei rapporti molto cordiali. Cristiani e musulmani «richiamano l'attenzione sulla verità del carattere sacro e della dignità della persona», collaborando

[44] Benedetto XVI, Discorso durante la visita al campo di Auschwitz, 28 maggio 2006.

[45] Benedetto XVI, Discorso durante l'incontro con i rappresentanti di alcune Comunità musulmane, Colonia, 20 agosto 2005.

[46] Benedetto XVI, Intervento alla Giornata di riflessione, dialogo e preghiera per la pace e la giustizia nel mondo, Assisi, 27 ottobre 2011.

[47] Benedetto XVI, Saluto durante la visita alla Sinagoga di Colonia, 19 agosto 2005.

[48] Benedetto XVI, Discorso durante la cerimonia di benvenuto all'aeroporto internazionale Ben Gurion di Tel Aviv, 11 maggio 2009.

Nella Moschea Blu di Istanbul, il 30 novembre 2006.

«al servizio della pace fra nazioni e popoli», afferma il 28 novembre 2006, nel corso del suo viaggio in Turchia[49]. A differenza del dialogo ecumenico, quello interreligioso non ha come obiettivo l'unità, ma il desiderio di conoscersi meglio, il rispetto vicendevole e l'assunzione di responsabilità per contribuire alla costruzione di un mondo migliore. Due giorni dopo il Papa visita la Moschea Blu di Istanbul, accompagnato dal Gran Muftì della città, e si raccoglie in preghiera silenziosa davanti al *mihrab*, la nicchia che indica la direzione della Mecca.

Secondo Benedetto XVI, le tre religioni monoteiste – ebraismo, cristianesimo e islam – «sono chiamate a cooperare per il bene comune dell'umanità, servendo la causa della giustizia e della pace»[50]. «Di fronte a un mondo lacerato da conflitti, dove talora si giustifica la violenza in nome di Dio, è importante ribadire che mai le religioni possono diventare veicoli di odio», sostiene a Napoli nel 2007. Al contrario, «possono e devono offrire preziose risorse per costruire un'umanità pacifica, perché parlano di pace al cuore dell'uomo»[51].

[49] Benedetto XVI, Incontro con il presidente del Direttorato degli Affari religiosi, Ankara, 28 novembre 2006.

[50] Benedetto XVI, Discorso ai membri dell'"American Jewish Committee", 16 marzo 2006.

[51] Benedetto XVI, Saluto durante l'incontro con i capi delle delegazioni che partecipano all'Incontro internazionale per la pace, Napoli, 21 ottobre 2007.

Il Sinodo dei Vescovi

Una delle chiavi di lettura del pontificato ratzingeriano è la collegialità. «Il Concilio Vaticano II ci ha insegnato – asserisce –, che per la struttura della Chiesa è costitutiva la collegialità; ovvero il fatto che il Papa è il primo nella condivisione e non un monarca assoluto che prende decisioni in solitudine e fa tutto da sé»[52]. Benedetto XVI ha presieduto cinque Sinodi dei Vescovi, introducendo il libero dibattito in Aula: tre Assemblee ordinarie – sull'Eucarestia nel 2005, sulla Parola di Dio nel 2008, sulla Nuova Evangelizzazione nel 2012 –, e due Assemblee speciali, per l'Africa nel 2009, attorno ai temi della riconciliazione, della giustizia e della pace, e per il Medio Oriente nel 2010, incentrata sul binomio comunione e testimonianza.

Papa Benedetto incontra i membri di una comunità pigmea a Yaoundé, in Camerun, durante il viaggio apostolico in Africa, nel marzo 2009.

Le due Assemblee speciali sono state simbolicamente introdotte e concluse da viaggi apostolici. L'Africa è il continente nel quale oggi si registra il più alto tasso di crescita dei cattolici. A Yaoundé, capitale del Camerun, Benedetto XVI consegna nel marzo del 2009 l'*Instrumentum laboris*, cioè il testo guida dei lavori sinodali che si svolgeranno nell'ottobre successivo in Vaticano. Aprendo l'Assemblea, il Papa ricorda che «le cose più grandi della vita – Dio, amore, verità – sono gratuite. Dio si dà nel nostro cuore»[53]. Poi, visitando

[52] Benedetto XVI, *Luce del mondo*, p. 107.

[53] Benedetto XVI, Intervento nel corso della I Congregazione generale della II Assemblea speciale per l'Africa del Sinodo dei Vescovi, 5 ottobre 2009.

il Benin nel novembre del 2011, firma l'Esortazione apostolica post sinodale *Africae munus*[54].

L'*Instrumentum laboris* dell'Assemblea per il Medio Oriente – regione che «ha un posto speciale nel cuore di tutti i cristiani, dal momento che fu proprio lì che Dio si è fatto conoscere ai nostri padri nella fede»[55] – Benedetto XVI lo consegna a Nicosia, capitale di Cipro, nel giugno del 2010. Il Sinodo si svolge nel mese di ottobre e l'Esortazione apostolica frutto dell'Assemblea, dal titolo *Ecclesia in Medio Oriente*[56], sarà firmata a Beirut, in Libano, il 14 settembre del 2012, durante l'ultimo viaggio apostolico del pontificato.

Gli Anni di Preghiera e Wojtyla beato

Nell'ottobre del 2005 si conclude l'Anno dell'Eucarestia, voluto da Giovanni Paolo II. A sua volta, Benedetto XVI indice l'Anno Paolino (2008-2009), nel bimillenario della nascita di san Paolo, Apostolo delle Genti, per richiamare all'attenzione la vitalità e la radicalità del Vangelo; l'Anno Sacerdotale (2009-2010), in occasione del 150° anniversario della morte di san Giovanni Maria Vianney, patrono dei parroci, che intende «contribuire a promuovere l'impegno d'interiore rinnovamento di tutti i sacerdoti per una loro più forte ed incisiva testimonianza evangelica nel mondo di oggi»[57]; l'Anno della Fede (2012-2013), nel cinquantesimo dell'apertura del Concilio Vaticano II e vent'anni dopo la pubblicazione del Catechismo della Chiesa Cattolica, che sarà concluso dal suo successore Papa Francesco.

[54] Benedetto XVI, Esortazione apostolica post sinodale *Africae munus* sulla Chiesa in Africa al servizio della riconciliazione, della giustizia e della pace, 19 novembre 2011.

[55] Benedetto XVI, Discorso in occasione della consegna dell'*Instrumentum laboris* dell'Assemblea speciale per il Medio Oriente del Sinodo dei Vescovi, Nicosia, 6 giugno 2010.

[56] Benedetto XVI, Esortazione apostolica post sinodale *Ecclesia in Medio Oriente* sulla Chiesa in Medio Oriente, comunione e testimonianza, 14 settembre 2012.

[57] Benedetto XVI, Lettera per l'indizione dell'Anno Sacerdotale, 16 giugno 2009.

Il 1° maggio 2011 Benedetto XVI proclama beato Giovanni Paolo II. Con un rescritto del maggio 2005 aveva dispensato dall'attendere i cinque anni canonici dalla morte per l'avvio della causa di beatificazione e canonizzazione del Papa polacco, esaudendo in questo modo un esplicito sentimento popolare. «Per 23 anni ho potuto stargli vicino e venerare sempre più la sua persona – ricorda commosso –. Il mio servizio è stato sostenuto dalla sua profondità spirituale, dalla ricchezza delle sue intuizioni. L'esempio della sua preghiera mi ha sempre colpito ed edificato»[58].

Benedetto XVI saluta i fedeli al termine dell'udienza generale, alcuni giorni dopo la beatificazione di Giovanni Paolo II.

[58] Benedetto XVI, Omelia nella Messa per la beatificazione del Servo di Dio Giovanni Paolo II, 1 maggio 2011.

I DOCUMENTI PRINCIPALI

Tra i numerosi documenti del pontificato, almeno tre hanno assunto maggiore rilievo.

All'inizio dell'estate del 2007, è resa nota una Lettera inviata da Benedetto XVI ai cattolici cinesi[59]. Dopo aver menzionato le sofferenze e le persecuzioni da loro subite e averli ringraziati per la testimonianza di fedeltà offerta in circostanze veramente difficili, il Papa analizza la situazione della Chiesa in Cina e invita il Governo a intraprendere un vero dialogo con la Santa Sede. L'auspicio è che esso porti a una normalizzazione dei rapporti diplomatici, a un'effettiva libertà religiosa e a un accordo sulla nomina dei vescovi, eliminando l'annoso problema delle consacrazioni illegittime e favorendo il riconoscimento pubblico dei vescovi costretti alla consacrazione clandestina.

Il 7 luglio 2007 Benedetto XVI firma il motu proprio *Summorum Pontificum*[60], che permette la celebrazione della Messa in latino, secondo il rito preconciliare. È un atto di "tolleranza pastorale" per i fedeli che sono stati formati con quella liturgia. Il Messale Romano promulgato da Paolo VI nel 1970 rimane l'espressione ordinaria della *lex orandi* (legge della preghiera) della Chiesa cattolica di rito latino, mentre il Messale di San Pio V, nuovamente edito da Giovanni XXIII nel 1962, deve essere considerato la sua espressione straordinaria. Queste due espressioni «non porteranno in alcun modo a una divisione nella *lex credendi* (legge della fede) della Chiesa; sono infatti due usi dell'unico rito romano», ribadisce il documento. Pertanto «è lecito celebrare il Sacrificio della Messa secondo l'edizione tipica del Messale Romano promulgato dal Beato

[59] Benedetto XVI, Lettera ai vescovi, ai presbiteri, alle persone consacrate e ai fedeli laici della Chiesa cattolica nella Repubblica Popolare Cinese, 27 maggio 2007.

[60] Benedetto XVI, Motu proprio *Summorum Pontificum* sulla "Liturgia romana anteriore alla riforma del 1970", 7 luglio 2007.

Giovanni XXIII nel 1962 e mai abrogato, come forma straordinaria della Liturgia della Chiesa».

S'intitola *Anglicanorum coetibus*[61] la Costituzione apostolica del 2009 che predispone le norme per l'accoglienza nella Chiesa cattolica di vescovi, sacerdoti e fedeli che hanno deciso di abbandonare la Comunione anglicana. Attraverso l'istituzione di ordinariati personali, è consentito a gruppi di fedeli anglicani di entrare in piena comunione con la Chiesa di Roma, conservando tuttavia alcuni elementi del loro patrimonio spirituale e liturgico.

Benedetto XVI presiede la veglia in occasione dell'Incontro internazionale dei sacerdoti, il 10 giugno 2010 in piazza San Pietro, a conclusione dell'Anno Sacerdotale.

[61] Benedetto XVI, Costituzione apostolica *Anglicanorum coetibus*, circa l'istituzione di ordinariati personali per anglicani che entrano nella piena comunione con la Chiesa cattolica, 4 novembre 2009.

IL PENSIERO DEL PAPA, ALCUNE LINEE GUIDA

Nella pagina a fianco, Benedetto XVI con padre Federico Lombardi, direttore della Sala Stampa della Santa Sede, nella Biblioteca privata del Palazzo apostolico, al termine di un'udienza.

La gioia della fede e dell'amicizia con Dio da una parte, dall'altra la fatica di farle comprendere al mondo contemporaneo. Sono le due polarità tra le quali oscilla il pontificato ratzingeriano. «Tutta la mia vita – confida Benedetto XVI – è sempre stata attraversata da un filo conduttore: il Cristianesimo dà gioia, allarga gli orizzonti»[62]. Secondo il Papa la fede cattolica è una «forza di unità, di solidarietà e di apertura all'eterno di ciò che è nel tempo»[63]. «Anche oggi abbiamo bisogno di Dio, di un orientamento che dia una direzione alla nostra vita»[64], riafferma. Ma la fede rimane sempre «un accadere nella libertà»[65].

Accanto all'entusiasmo della testimonianza, che assicura una dimensione pubblica all'appartenenza religiosa, tuttavia v'è pure l'amarezza. «Di certo sono anche deluso – riconosce il Papa –; perché, soprattutto nel mondo occidentale, c'è questa avversione per la Chiesa; perché il secolarismo si rende sempre più autonomo, sviluppa modalità che allontanano sempre più gli uomini dalla fede»[66].

Non mancano inoltre debolezze umane e scandali, ma far parte della Chiesa vuol dire «essere nella rete del Signore, nella quale Egli tira fuori pesci buoni e cattivi dalle acque della morte alla terra della vita». Può capitare di trovarsi accanto a pesci cattivi, ma vi si rimane dentro «perché è la rete del Signore; è una cosa diversa da tutte le associazioni umane, una realtà che tocca il fondamento del mio essere»[67].

Costante è l'appello del Papa alla ragione, dono divino che «si eleva al piano più alto quando viene illuminata dalla luce della verità di Dio». Così rafforzata, può contribuire al dibattito pubblico

[62] Benedetto XVI, *Luce del mondo*, p. 27.
[63] *Ibidem*, p. 164.
[64] Benedetto XVI, Intervista durante il volo verso l'Austria, 7 settembre 2007.
[65] Benedetto XVI, *Luce del mondo*, p. 240.
[66] *Ibidem*, p. 183.
[67] Benedetto XVI, Intervista durante il volo verso la Germania, 22 settembre 2011.

e ampliare gli orizzonti della comprensione umana. «Ciò protegge la società civile dagli eccessi di un *ego* ingovernabile, che tende ad assolutizzare il finito e ad eclissare l'infinito – evidenzia –; fa sì che la libertà sia esercitata in sinergia con la verità, ed arricchisce la cultura con la conoscenza di ciò che riguarda tutto ciò che è vero, buono e bello»[68].

«Essere uomini – riflette Benedetto XVI – è come una scalata di montagna, con ripide salite; ma è attraverso di esse che raggiungiamo le cime e possiamo sperimentare la bellezza dell'essere»[69]. Un concetto che ritornerà nel suo ultimo *Angelus* da Papa, quando congedandosi dirà: «Il Signore mi chiama a "salire sul monte", a dedicarmi ancora di più alla preghiera e alla meditazione»[70].

[68] Benedetto XVI, Discorso in occasione dell'incontro con i capi religiosi musulmani, con il corpo diplomatico e con i rettori delle università giordane, Amman, 9 maggio 2009.

[69] Benedetto XVI, *Luce del mondo*, p. 152.

[70] Benedetto XVI, *Angelus*, 24 febbraio 2013.

CAPITOLO IX

LA CONDIZIONE DI PAPA EMERITO

E IL RAPPORTO CON BERGOGLIO

La preghiera dalla Loggia

Nell'altra pagina, Benedetto XVI e Papa Francesco si salutano con un abbraccio in piazza San Pietro, in occasione dell'incontro dedicato agli anziani, il 28 settembre 2014.

Il telefono squilla a lungo. Nessuno risponde. La sera del 13 marzo 2013, a Castel Gandolfo c'è il silenzio rumoroso dell'attesa. Benedetto XVI è davanti alla tv. Col Papa emerito ci sono monsignor Alfred Xuereb, suo secondo segretario, e le quattro Memores Domini, le laiche consacrate appartenenti al movimento di Comunione e liberazione. Sono Loredana, Carmela, Cristina e Rossella, parte della famiglia pontificia già al Palazzo apostolico. Non c'è monsignor Georg Gänswein, primo segretario di Ratzinger: è impegnato nel suo ruolo di prefetto della Casa pontificia, in Vaticano.

Intanto, in Vaticano regna la frenesia della sorpresa. L'eco della voce del cardinal Jean-Louis Tauran e quelle due parole, legate strette strette in un suono unico, scuotono cuore e pensieri: *Habemus Papam.* Abbiamo il Papa. È Jorge Mario Bergoglio, 266° Pontefice: arcivescovo di Buenos Aires, argentino di origine italiana, primo gesuita a salire al soglio di Pietro. Quando Papa Bergoglio si affaccia dalla Loggia centrale della Basilica, saluta come un amico, come uno di famiglia. E le sue parole si fanno eco nell'anima del mondo. Il suo primo discorso comincia così: «Fratelli e sorelle, buonasera. Voi sapete che il dovere del Conclave era di dare un vescovo a Roma. Sembra che i miei fratelli cardinali siano andati a prenderlo quasi alla fine del mondo. Ma, siamo qui. Vi ringrazio dell'accoglienza: la comunità diocesana di Roma ha il suo vescovo. Grazie».

E subito dopo continua: «Prima di tutto, vorrei fare una preghiera per il nostro vescovo emerito, Benedetto XVI».

Dalla piazza sale un boato. La folla si entusiasma, applaude, si commuove per il ricordo di Joseph Ratzinger e la memoria che ne fa il nuovo Pontefice.

«Preghiamo tutti insieme per lui, perché il Signore lo benedica e la Madonna lo custodisca», invita Bergoglio, arrotolando le parole le une sulle altre con accento argentino.

Papa Benedetto XVI riceve l'arcivescovo di Buenos Aires, il cardinale Jorge Mario Bergoglio, in Vaticano, il 13 gennaio 2007.

Poi recita con la folla, raccolta davanti alla Basilica, il Padre nostro, l'Ave Maria e il Gloria.

Negli occhi, Bergoglio ha le luci della sera e l'abbraccio di piazza San Pietro, 100 mila persone che sconfinano oltre il colonnato del Bernini. Il futuro della Chiesa nelle mani. E ci tiene a parlare col Papa emerito. Prima di affacciarsi dalla Loggia, ha già telefonato a Castel Gandolfo. Ma l'attesa davanti alla tv ha chiesto l'esclusiva dell'attenzione.

Dal Vaticano parte la seconda telefonata. Papa Francesco e il Papa emerito finalmente si parlano.

Joseph Ratzinger lo ha visto in tv. Lo ha osservato con sorpresa. È rimasto colpito: «Il modo in cui ha pregato per me, il momento di raccoglimento, poi la cordialità con cui ha salutato le persone tanto che la scintilla è, per così dire, scoccata immediatamente», ha raccontato[1].

È una sorpresa felice.

«Quando ho sentito il nome, dapprima ero insicuro. Ma quando ho visto come parlava da una parte con Dio, dall'altra con gli uomini, sono stato davvero contento. E felice»[2].

Comincia così la vicenda umana ed ecclesiale di due Papi che la storia ha messo uno di fronte all'altro.

La telefonata di Bergoglio a Ratzinger resta il primo momento storicamente eccezionale. Il primo di molti.

Joseph Ratzinger e Jorge Mario Bergoglio, creato cardinale da Giovanni Paolo II il 21 febbraio 2001, si conoscono. Nel Conclave del 2005, quello che ha portato all'elezione di Benedetto XVI, Bergoglio era tra i più votati.

[1] Benedetto XVI, *Ultime conversazioni*, a cura di Peter Seewald, Garzanti, Milano 2016, p. 42.
[2] *Ibidem*, p. 43.

L'ABBRACCIO DEL PRIMO INCONTRO

Il primo incontro tra il Papa emerito e Papa Francesco avviene il 23 marzo, 10 giorni dopo l'elezione al soglio di Pietro di Bergoglio. Papa Francesco arriva in elicottero a Castel Gandolfo. Ratzinger gli va incontro quando atterra: gli tende le braccia, stretto nella giacca a vento bianca portata sopra la veste bianca. Si coglie una sua lieve timidezza nello sguardo. Giusto un momento. E si abbracciano, si parlano, si stringono le mani.

Nella cappella del Palazzo apostolico di Castel Gandolfo, il Papa emerito offre il posto d'onore a Papa Francesco. Bergoglio rifiuta. «Siamo fratelli», gli dice.

E si inginocchiano insieme, sullo stesso inginocchiatoio, uno di fianco all'altro.

Dopo la preghiera, Papa Francesco e il Papa emerito hanno un colloquio nella sala della Biblioteca: parlano circa 45 minuti.

C'è quasi un passaggio di consegne ufficiale: Joseph Ratzinger e Jorge Mario Bergoglio sono seduti uno di fronte all'altro e sul tavolino che li divide c'è una scatola con alcuni documenti.

Il primo incontro e lo storico abbraccio tra Papa Francesco e il Papa emerito, a Castel Gandolfo, il 23 marzo 2013.

Papa Francesco e Papa Benedetto, inginocchiati l'uno accanto all'altro, pregano insieme nella cappella di Castel Gandolfo, il 23 marzo 2013.

Papa Francesco porta in regalo al Papa emerito un'icona della Madonna dell'Umiltà.

«Ho subito pensato a lei per i tanti esempi di umiltà del suo pontificato», dice Bergoglio a Ratzinger.

Queste sono le prime immagini che mostrano e consegnano al mondo la vicinanza fisica tra Papa Francesco e Papa Benedetto XVI.

Il primo incontro non è solo una sorta di avvicendamento tra un ex capo di Stato e il sovrano regnante: tra loro c'è un tempo di preghiera, una comunione fraterna, il pranzo.

Gli occhi di chi guarda non sono abituati. Il cuore deve far ricorso alla ragione per spiegare l'immagine di due pastori vestiti di bianco, che si abbracciano, seduti uno di fronte all'altro, inginocchiati uno accanto all'altro.

In questi primi gesti si esprime il senso del rapporto tra il Papa e il Papa emerito, che inizia nel segno del rispetto e del sostegno.

Nel recinto di Pietro

Papa Francesco e il Papa emerito si parlano molte volte ancora, prima di mostrarsi di nuovo insieme il 2 maggio 2013, quando Benedetto XVI torna in Vaticano. Il Papa emerito va a vivere nel monastero Mater Ecclesiae, che nel frattempo è stato ristrutturato per accoglierlo, e che si trova nei Giardini Vaticani, non lontano da Casa Santa Marta, dove ha scelto di abitare Bergoglio, rinunciando all'appartamento pontificio del Palazzo apostolico.

Il Papa emerito torna nel «recinto di Pietro». Lui stesso ha usato questa espressione, il 27 febbraio 2013, durante l'ultima udienza generale in piazza San Pietro. «Non abbandono la croce, ma resto in modo nuovo presso il Signore Crocifisso. Non porto più la potestà dell'officio per il governo della Chiesa, ma nel servizio della preghiera resto, per così dire, nel recinto di san Pietro».

Il Papa emerito accoglie Papa Francesco al monastero Mater Ecclesiae, dove vive, in Vaticano: è il 23 dicembre 2013.

La scelta genera analisi, giudizi, pregiudizi.

Per alcuni, pure all'interno della Chiesa, fin da subito, dal gesto della rinuncia, si è prefigurata e immaginata un'antinomia, un'antitesi, anche silenziosa, anche sotterranea, tra il "vecchio" e il "nuovo" Pontefice.

Bergoglio e Ratzinger, fin dall'inizio, suscitano sorpresa, e anche delusione nella schiera favorevole al conflitto, di ruoli e di potere.

Così, qualche critica non si fa attendere. Arriva in occasione della pubblicazione, il 29 giugno 2013, della prima Enciclica di Papa Francesco intitolata *Lumen fidei*. Era stata prevista come sigillo dell'Anno della Fede indetto da Benedetto XVI a partire dall'11 ottobre 2012: il testo era stato iniziato da Ratzinger, Bergoglio ha completato e firmato la Lettera. L'Enciclica, scritta a cavallo di due pontificati, provoca commenti contrapposti. Anche disappunto e disorientamento quasi sommessi, come certi giudizi che nascono in un tempo sospeso, in attesa di nuovi sviluppi.

Il tema del rapporto tra Papa Francesco e il Papa emerito ogni tanto torna alla ribalta.

La portata storica della rinuncia al pontificato ha prodotto interpretazioni sulla compresenza di due Pontefici. C'è un ministero petrino condiviso, ci sono due Papi? Sulla questione è intervenuto in modo chiaro Bergoglio. Lo ha fatto nel corso della conferenza stampa tenuta sul volo di ritorno del viaggio apostolico in Armenia, il 26 giugno

Benedetto XVI e Papa Francesco in piazza San Pietro, il 27 aprile 2014, giorno della canonizzazione di Giovanni Paolo II e Giovanni XXIII: dietro di loro, monsignor Guillermo Karcher e monsignor Guido Marini, maestro delle Celebrazioni liturgiche pontificie.

Nell'altra pagina, il Papa emerito a Castel Gandolfo nel mese di luglio 2015.

2016. «Benedetto è Papa emerito. Lui ha detto chiaramente, quell'11 febbraio, che dava le sue dimissioni a partire dal 28 febbraio, che si sarebbe ritirato per aiutare la Chiesa con la preghiera. E Benedetto è nel monastero, e prega. Io sono andato a trovarlo tante volte, o lo chiamo al telefono… L'altro giorno mi ha scritto una letterina – ancora firma con quella firma sua – facendomi gli auguri per questo viaggio. E parecchie volte ho detto che è una grazia avere a casa il "nonno" saggio. Anche davanti a lui l'ho detto, e lui ride. Ma lui per me è il Papa emerito, è il "nonno" saggio, è l'uomo che mi custodisce le spalle e la schiena con la sua preghiera. Mai dimentico quel discorso che ci ha fatto, che ha fatto ai cardinali, il 28 febbraio 2013: "Uno di voi sicuramente sarà il mio successore. Prometto obbedienza". E lo ha fatto. Poi ho sentito, ma non so se è vero questo, sottolineo, ho sentito, forse saranno dicerie, ma concordano con il suo carattere, che alcuni sono andati lì a lamentarsi perché "questo nuovo Papa…". E lui li ha cacciati via! Con il migliore stile bavarese: educato… Poi, io ho ringraziato pubblicamente Benedetto per aver aperto la porta ai Papi emeriti… E lui, con coraggio – con coraggio – e con preghiera, e anche con scienza, con teologia, ha deciso di aprire questa porta. E credo che questo sia un segno buono per la Chiesa. Ma c'è un solo Papa».

Alla fine di questo discorso, chiaro e affettuoso verso la persona del Papa emerito, Bergoglio ha annunciato, a fugare ogni dubbio, la sua presenza alla cerimonia per il 65° anniversario dell'ordinazione sacerdotale di Benedetto XVI, fissata per il 28 giugno.

Il 4 luglio 2015, a Castel Gandolfo, Benedetto XVI riceve due dottorati honoris causa da parte della Pontificia Università Giovanni Paolo II di Cracovia (Polonia) e dell'Accademia di Musica di Cracovia.

E nella Sala Clementina, in Vaticano, tra gli affreschi rinascimentali e i fregi allegorici delle virtù cardinali e teologali, per ricordare l'inizio del ministero sacerdotale di Ratzinger, ordinato il 29 giugno del 1951, Bergoglio ha pronunciato parole essenziali e sostanziali, non convenzionali.

«... Lei, Santità, continua a servire la Chiesa, non smette di contribuire veramente con vigore e sapienza alla sua crescita. E lo fa da quel piccolo monastero Mater Ecclesiae, in Vaticano, che si rivela in tal modo essere tutt'altro che uno di quegli angolini dimenticati nei quali la cultura dello scarto di oggi tende a relegare le persone quando, con l'età, le loro forze vengono meno... È tutto il contrario... Così, la Provvidenza ha voluto che lei, caro confratello, giungesse in un luogo per così dire propriamente "francescano" dal quale promana una tranquillità, una pace, una forza, una fiducia, una maturità, una fede, una dedizione e una fedeltà che mi fanno tanto bene e danno tanta forza a me e a tutta la Chiesa»[3].

All'arrivo di Papa Francesco, il Papa emerito si era alzato in piedi, lo zucchetto bianco in mano, i ricordi tenuti stretti tra testa e cuore. Lui, Pontefice del magistero, teologo che ha studiato come la fede può dialogare con la ragione e con il mondo di oggi.

Alla fine, l'abbraccio tra loro si è rivelato commovente.

[3] Papa Francesco, Discorso in occasione del 65° anniversario di sacerdozio di Joseph Ratzinger, 28 giugno 2016.

Senza pentimento

Papa Francesco e Papa Benedetto hanno storie e stili diversi. Da una parte c'è l'immediatezza del linguaggio di Bergoglio, dall'altra un'intima riservatezza di Ratzinger. Nella diversità di temperamento e di sensibilità pastorale, non si manifestano lotte di egemonia.

Il Papa emerito non si è pentito di aver rinunciato al ministero petrino. E non gli manca il pontificato col suo esercizio di autorità. «Non ho mai percepito il potere come una posizione di forza, ma sempre come responsabilità, come un compito pesante e gravoso», ha affermato[4].

Ratzinger si è considerato servitore e non Principe della Chiesa. E la rinuncia lo mostra.

Del rapporto tra Papa Francesco e Benedetto XVI, ha parlato monsignor Gänswein a Monaco di Baviera, il 12 settembre 2016[5].

E ha sottolineato come l'aspetto della cordialità di Papa Francesco abbia sorpreso Ratzinger, che negli incontri precedenti, prima che salisse al soglio di Pietro, non aveva avuto modo di cogliere.

«Da un certo punto di vista, Benedetto vede anche il suo servizio petrino corretto dal suo successore», ha detto. Il riferimento indirizza verso queste parole del Papa emerito.

«Forse io non sono stato abbastanza in mezzo agli altri, effettivamente. Poi, direi, c'è anche il coraggio con cui affronta i problemi e cerca le soluzioni…»[6].

Joseph Ratzinger non si sottrae dall'esprimere considerazioni sul governo di Papa Francesco, con libertà intellettuale ed ecclesiale. «C'è una nuova freschezza in seno alla Chiesa, una nuova allegria, un nuovo carisma che si rivolge agli uomini»[7].

[4] Benedetto XVI, *Ultime conversazioni*, a cura di Peter Seewald, p. 21.

[5] Intervento di monsignor Georg Gänswein durante la presentazione, a Monaco di Baviera, il 12 settembre 2016, dell'edizione tedesca del libro *Ultime conversazioni* di Benedetto XVI, curato da Peter Seewald.

[6] Benedetto XVI, *Ultime conversazioni*, a cura di Peter Seewald, p. 45.

[7] *Ibidem*, p. 47.

Benedetto XVI cammina con il sostegno del deambulatore al Pontificio Collegio Teutonico di Santa Maria in Campo Santo, in Vaticano, il 30 agosto 2015, a conclusione dell'incontro annuale dello Schülerkreis, il circolo dei suoi ex allievi: il Papa emerito è tra il rettore Hans-Peter Fischer, a sinistra, e monsignor Georg Gänswein.

Dopo la rinuncia, Benedetto XVI si è incamminato nei giorni fatti di insolita tranquillità. Ha ritrovato un altro modo di essere uomo di Chiesa, tra le omelie della domenica preparate per cinque o sei persone, le passeggiate nei Giardini Vaticani, imboccate prima con lentezza e poi con il sostegno del deambulatore, per l'avanzare dell'età e la diminuzione delle forze, e la recita del rosario quotidiano davanti alla Grotta di Lourdes, non lontana dal monastero dove vive.

Forse ha provato quel certo smarrimento che accompagna i traguardi molto immaginati e raggiunti attraversando strade tortuose di pensieri.

Nel ritiro del Mater Ecclesiae, Joseph Ratzinger ha raccontato al giornalista Peter Seewald la sua nuova vita con profonda umanità nel libro *Ultime conversazioni*, pubblicato nel mese di settembre 2016.

Seewald ha svelato che Papa Benedetto aveva chiesto il permesso per la pubblicazione del volume a Papa Francesco[8].

«Ratzinger ha sottoposto il libro a Bergoglio. Il Papa l'ha letto e gli ha scritto una lettera. Gli ha fatto i complimenti. Con una piccola nota, questa: "Direi che non dovrebbero essere le ultime conversazioni"».

[8] Intervento di Peter Seewald durante la presentazione del libro *Ultime conversazioni* all'Università Cattolica di Milano, il 20 ottobre 2016.

Vicinanza e visite

In questo contesto di rispetto e affetto reciproco, dal 2013 in poi, le occasioni d'incontro tra Papa Francesco e il Papa emerito diventano molte. La frequentazione, negli anni, si fa consuetudine. Il 22 febbraio 2014 Benedetto XVI partecipa al primo Concistoro di Papa Francesco per la creazione di nuovi cardinali: in questa occasione, Bergoglio e Ratzinger, seduto tra i porporati, si vedono per la prima volta insieme nella Basilica di San Pietro.

Per il Concistoro del novembre 2016, Bergoglio, invece, porta i cardinali in visita al Mater Ecclesiae, a casa del Papa emerito.

Il momento simbolicamente più significativo è rappresentato dalla cerimonia di canonizzazione di Giovanni Paolo II e Giovanni XXIII: il 27 aprile 2014, in piazza San Pietro, con Francesco c'è pure Papa Benedetto. Due Papi santi celebrati da due Papi.

Anche il 19 ottobre 2014, quando Bergoglio beatifica Paolo VI, il Papa emerito è presente. E l'8 dicembre 2015, per il Giubileo della misericordia voluto da Papa Francesco, attraversa la Porta Santa della Basilica di San Pietro: il passo incerto, una mano sul bastone, l'altra nella mano di monsignor Gänswein.

Dopo il Concistoro del 19 novembre 2016, Papa Francesco porta i cardinali al monastero Mater Ecclesiae dal Papa emerito, nella cappella del convento.

E prima di un viaggio, Bergoglio passa a salutare Ratzinger, gli manda piccoli regali, bigliettini.

Gli incontri tra Papa Francesco e il Papa emerito non seguono semplicemente il calendario liturgico, si fondano sulla fratellanza spirituale.

Quella fiamma tra Francesco e Benedetto

La ricchezza del patrimonio pastorale di Ratzinger è stata sottolineata da Papa Francesco già il 15 marzo 2013, nel primo discorso tenuto al Collegio cardinalizio dopo l'elezione a Pontefice.

«In questi anni di pontificato, ha arricchito e rinvigorito la Chiesa con il suo magistero, la sua bontà, la sua guida, la sua fede, la sua umiltà e la sua mitezza. Rimarranno un patrimonio spirituale per tutti! Il ministero petrino, vissuto con totale dedizione, ha avuto in lui un interprete sapiente e umile, con lo sguardo sempre fisso a Cristo, Cristo risorto, presente e vivo nell'Eucaristia», ha detto Papa Bergoglio.

Papa Benedetto, accompagnato da monsignor Georg Gänswein, varca, dopo Papa Francesco, la Porta Santa della Basilica di San Pietro l'8 dicembre 2015, in occasione dell'apertura del Giubileo della misericordia.

Papa Francesco e Benedetto XVI il 28 giugno 2016 nella Sala Clementina, in Vaticano, durante la cerimonia per il 65° anniversario dell'ordinazione sacerdotale di Joseph Ratzinger.

«Sentiamo che Benedetto XVI ha acceso nel profondo dei nostri cuori una fiamma: essa continuerà ad ardere perché sarà alimentata dalla sua preghiera, che sosterrà ancora la Chiesa nel suo cammino spirituale e missionario».

L'attenzione di Papa Francesco verso il ministero e l'opera teologica di Joseph Ratzinger è quindi presente fin dall'inizio del suo pontificato. In occasione dell'assegnazione del Premio Ratzinger – quel "Nobel della teologia" istituito dalla Fondazione Ratzinger nel 2011 – consegnato in Vaticano il 26 ottobre 2013 (al biblista anglicano Richard Burridge e al teologo cattolico tedesco Christian Schaller), Bergoglio ha sottolineato alcuni aspetti della riflessione di Ratzinger, a partire dalla trilogia su Gesù di Nazaret, pubblicata dal 2007 al 2012.

«Mi ricordo che quando uscì il primo volume, alcuni dicevano: ma che cos'è questo? Un Papa non scrive libri di teologia, scrive Encicliche. Certamente Papa Benedetto si era posto questo problema, ma anche in quel caso, come sempre, lui ha seguito la voce del Signore nella sua coscienza illuminata. Con quei libri lui non ha fatto magistero in senso proprio, e non ha fatto uno studio accademico. Lui ha fatto dono alla Chiesa, e a tutti gli uomini, di ciò che aveva di più prezioso: la sua conoscenza di Gesù, frutto di anni e anni di studio, di confronto teologico e di preghiera. Perché Benedetto XVI faceva teologia in ginocchio, e tutti lo sappiamo. E questa l'ha messa a disposizione nella forma più accessibile», ha spiegato Papa Francesco soffermandosi sul modo di fare teologia non da studioso, ma da pastore, in preghiera[9]. In ginocchio, appunto.

Nell'altra pagina, Papa Benedetto in un'espressione assorta al Concistoro per la creazione di nuovi cardinali nella Basilica di San Pietro, il 22 febbraio 2014.

L'esperienza della fede vissuta in famiglia in modo profondo, il dramma della guerra e della dittatura, la vocazione sacerdotale, il cammino di docente universitario e di pastore, l'analisi teologica, la fiducia nella ragione concepita nell'orizzonte della fede rendono l'opera e il ministero di Joseph Ratzinger una pastorale dell'intelligenza. In questa sua dimensione di pensiero e missione, sono seminati e riconoscibili anche gli aspetti più personali.

«Senza dubbio, Ratzinger ha quella strana e ammirevole forza di chi ama più stupirsi che stupire: anche per questo il suo non è un atteggiamento di tenerezza, ma di dolcezza pacata e di sottile melanconia, quasi di gracilità. Proprio come se il suo sguardo raggiungesse il distacco e l'altezza di chi cerca di vedere il fondo del cuore degli uomini», ha sostenuto Joaquín Navarro-Valls, che è stato direttore della Sala Stampa della Santa Sede per 22 anni[10].

«Joseph Ratzinger è una persona di eleganza e ricchezza di pensiero non comuni. È importante far conoscere agli altri quella sua interiorità

[9] Papa Francesco, Discorso in occasione del conferimento del "Premio Ratzinger", 26 ottobre 2013.
[10] Joaquín Navarro-Valls, *A passo d'uomo*, Mondadori, Milano 2009, p. 57.

Papa Benedetto festeggia il suo compleanno il 16 aprile 2015 davanti al monastero Mater Ecclesiae, tra gli amici bavaresi, monsignor Georg Gänswein e il fratello Georg: si brinda con un boccale di birra.

umana così ricca che io, con il lavoro accanto a lui, ho conosciuto», sottolinea Navarro-Valls, portavoce vaticano fino al 2006.

E interpreta il gesto della rinuncia: «Mai avrei immaginato la scelta della rinuncia. Ma poi ho visto che era proprio Ratzinger, per primo, che poteva farlo, direi quasi in modo naturale e in modo non traumatico per la Chiesa. La sua enorme statura umana, teologica e spirituale era la base sicura di quella sua decisione di portata storica. Naturalmente, potrebbe succedere ancora. È così previsto dal Codice di diritto canonico. Quindi, nulla di straordinario nella sua immensa ordinarietà. Ma, comunque, richiede anche un grande coraggio umano. Appunto, quello che ha mostrato di avere Papa Benedetto».

Era il 15 aprile 2006, la notte del Sabato Santo, quando le parole di Benedetto XVI, sul soglio di Pietro dal 19 aprile 2005, risuonarono con quieta forza nella Basilica vaticana.

«Io, ma non più io», disse Ratzinger durante l'omelia della Veglia pasquale, mettendosi ancora nelle mani di Dio e della storia con la riflessione personale e spirituale di san Paolo nella Lettera ai Galati (2,20): «Non sono più io che vivo, ma Cristo vive in me».

Nella notte del Sabato Santo, la luce della Pasqua è annunciata così da Papa Benedetto: «La risurrezione non è passata, la risurrezione ci ha raggiunti ed afferrati. Ad essa, cioè al Signore risorto, ci aggrappiamo e sappiamo che Lui ci tiene saldamente anche quando le nostre mani si indeboliscono. Ci aggrappiamo alla sua mano, e così teniamo le mani anche gli uni degli altri, diventiamo un unico soggetto, non soltanto una cosa sola. *Io, ma non più io*: è questa la formula dell'esistenza cristiana fondata nel Battesimo, la formula della risurrezione dentro al tempo. *Io, ma non più io*: se viviamo in questo modo, trasformiamo il mondo»[11].

Oggi, da Papa emerito, la potenza delle sue parole è sempre forte, profonda e solenne. La sua rinuncia al pontificato, il suo ritiro monastico e la sua presenza nell'assenza scenica, una "presenza-assenza", diventano un fertile campo che fa germogliare e coltiva la prossimità della sua opera, della sua riflessione teologica e del suo ministero.

Oggi, il pensiero, le parole e la missione pastorale di Joseph Ratzinger trovano una forza nuova, considerate nell'interezza del messaggio.

Oggi, la sua presenza si fa nuovamente rivelatrice.

[11] Benedetto XVI, Omelia della Veglia pasquale, 15 aprile 2006.

Gli autori ringraziano:

Sua Eccellenza monsignor Georg Gänswein,
prefetto della Casa Pontificia e segretario
particolare del Papa emerito Benedetto XVI,

padre Stephan Otto Horn,
padre Federico Lombardi,
don Giuseppe Merola,
monsignor Diego Ravelli,
monsignor Giuseppe Antonio Scotti,
don Ralph Weimann,
Pierluca Azzaro,
Mauro Gaffuri,
Francesco Antonio Grana,
Pino Occhipinti delle Edizioni San Paolo,
Christian Schaller
e l'Institut Papst Benedikt XVI di Ratisbona,
Raffaele Vacca.

Referenze fotografiche

L'Ossevatore Romano:
pp. 24, 25, 26, 28, 30, 33, 35, 36, 151, 155, 189, 193, 195.

Getty Images:
pp. 12, 15, 22-23, 38, 52, 55, 79, 83, 86, 136-137, 138, 140, 143, 144, 147, 148-149, 150, 152, 153, 154, 156, 159, 162, 167, 169, 170, 172, 173, 175, 183, 184, 185, 187, 190, 196, 206-207.

Institut Papst Benedikt XVI di Ratisbona:
pp. 42, 46, 48, 84, 94, 118

Archivio Periodici San Paolo:
pp. 50, 64, 76, 93, 116, 117, 120, 121, 124, 126-127, 128, 131, 132, 134, 146, 157.

Archivio Johann Nußbaum, Rimsting:
pp. 40, 41.

Stefan Loppacher:
p. 192.

Indice

Finito di stampare nel mese di marzo 2017
presso Rotolito Lombarda S.p.a. - Seggiano di Pioltello (MI)
Printed in Italy